Ricardo Ferreira dos Santos

Igreja, Esposa de Cristo:

Ricardo Ferreira dos Santos

Igreja, Esposa de Cristo:

Relação Esponsal na Eclesiologia de São Boaventura

CREDO EDICIONES

Imprint

Cover image: www.ingimage.com

Publisher:
CREDO EDICIONES
ist ein Imprint der / is a trademark of
International Book Market Service Ltd., member of OmniScriptum Publishing Group
17 Meldrum Street, Beau Bassin 71504, Mauritius

Printed at: see last page
ISBN: 978-613-2-75097-6

Igreja, Esposa de Cristo:

Relação esponsal na eclesiologia de são Boaventura

Índice

Introdução..........03

1. Cristo funda união esponsal em Maria..........04

2. Relação conjugal de Cristo com a Igreja..........06

3. União esponsal de Cristo com a alma santa ou fiel..........22

3.1. A graça do Espírito Santo na constituição do amor esponsal..........25

3.2. Relação esponsal segundo alguns escritos místicos..........42

4. Significado existencial e eclesial do simbolismo da união conjugal..........65

Conclusão..........73

Abreviações de algumas obras..........76

Bibliografia..........76

Introdução

A teologia da esponsalidade não é um tema novo visto que já era aprofundamento comum na reflexão de muitos padres da Igreja e de outros mestres medievais.

Para são Boaventura, Cristo é o esposo da natureza humana, da Igreja, seu corpo místico e da alma devota ou santa. Esse modo de pensar a esponsalidade tem o seu fundamento teológico e espiritualidade no mistério do Verbo encarnado. Com efeito, a pertença ao Corpo místico supõe sempre relação amorosa, vital e mística entre Cristo e a Igreja e com cada membro em particular. Logo, a comunhão e a partipação na Igreja não é algo mecânico ou funcional, mas é crescimento espiritual, diálogo pessoal com Cristo, aliança de amor com Deus; é dom da graça e resposta existencial ao chamado de Deus. Cristo está no início, no centro e no fim dessa relação conjugal. Nela se estabelece a verdadeira beleza de ser Igreja.

Neste trabalho propomos aprofundar significado eclesial, místico e espiritual dessa união esponsal. Essa união conjugal segundo são Boaventura se dá a partir da pessoa de Maria, e tem fundamento e razão de ser no mistério da encarnação que consecutivamente se apresenta em três aspectos: união conjugal com a humanidade; com a Igreja e com a pessoa de cada fiel.

Nesta explanação, considerando eclesiologia simbólica do doutor seráfico, refletimos em primeiro lugar, que Cristo funda relação esponsal a partir da pessoa de Maria como obra do Espírito Santo. Depois, aprofundamos o teológico da união esponsal de Cristo com a sua Igreja. Perguntamos pelo lugar da graça do Espírito Santo na constituição e crescimento espiritual e místico da união conjugal da alma com Cristo. Em seguida, refletimos a teologia simbólica e mística dessa relação nupcial de

Cristo, o Esposo amado e sua esposa, ou seja, a alma santa ou fiel em alguns de seus escritos místicos. E, por fim, mostramos o alcance existencial e eclesial dessa relação conjugal entre Cristo e a alma fiel.

Ser Igreja significa relação amorosa e conjugal com Cristo que nos faz crescer não somente em amor a Deus, mas também no serviço e amor ao próximo. Nessa união conjugal se estabelece verdadeira relação de amizade, fraternidade e familiaridade com a ssma. Trindade, fazendo da Igreja sacramento e de cada cristão, discípulo de Cristo.

1. Cristo funda união esponsal em Maria

Segundo o doutor seráfico a relação esponsal entre Cristo e a Igreja tem a sua raiz e fundamento na encarnação do Verbo. Cristo se une a sua Igreja no momento mesmo da união da natureza divina e da natureza humana. No instante em que o Verbo se encarna no seio de Maria, assumindo em sua carne a humanidade, se estabelece relação amorosa entre Deus e o homem e de Cristo com a Igreja. Por conseguinte, essa união é indivisível, indissolúvel ou inseparável. Segundo o santo doutor, Cristo no mistério de sua encarnação se tornou esposo da alma, da Igreja e da natureza assumida. Tal união configura relacionamento recíproco de amor casto, benévolo e indivisível.

Segundo V. Battaglia, o doutor seráfico interpreta teologicamente o mistério da encarnação como ato e união conjugal[1]. Tal leitura conduzida em chave simbólica acompanha tradição patrística. Logo, nessa relação se considera a maternidade divina de Maria e a união de Cristo com a Igreja. Nessa interpretação se estabelece vínculo entre o corpo imaculado do Filho de Deus e a virgindade de Maria, mãe de Deus. No período patrístico, são muitos os autores que ressaltam a inocência, a pureza incontaminada e

[1] BATTAGLIA, Vicenzo. Sponsus, Sponsa, in, CAROLI, Ernesto. *Dizionario Bonaventuriano*, Padova: Ed. Francescane, 2008, p. 774.

perfeita da natureza humana assumida pelo Verbo por obra do Espírito Santo. Essa pureza se relaciona diretamente à Virgem Maria e a sua plenitude da graça a ela concedida, tornando-a criatura perfeitamente santa e insenta de todo pecado. Ao lado desta concepção se junta outra que nos leva a pensar a consubstancialidade do Filho de Deus com a natureza humana a Ele unida assim como a consubstancialidade com a sua mãe, que gerou um homem por obra do Espírito Santo e da qual o Verbo divino tomou da sua carne imaculada que Ele mesmo criou com o Espírito Santo.

Afirma o doutor seráfico em seu sermão sobre a natividade do Senhor:

"O nascimento de Cristo é descrito do útero porque se acrescenta: este enquanto esposo procede do seu tálamo. Afirma-se então que Cristo é o esposo da alma, da Igreja e da natureza assumida. E que está unido em amor casto, amor benévolo e amor perpétuo. E porque no útero virginal, a natureza humana está unida ao Verbo, conforme a união da esposa com o esposo com amor indivisível. Logo, se pode dizer que o esposo procede de seu tálamo"[2].

O doutor franciscano fala do seio virginal da mãe como "tálamo", ou seja, simboliza o seu leito nupcial. Essa imagem se refere não somente à união de amor conjugal, mas também à maternidade divina. O doutor franciscano ensina que Maria concebeu o Filho de Deus no tálamo do coração e do corpo e que seu útero virginal é o lugar onde são celebradas as bodas da união entre a natureza humana e a divina.

Nascendo da Virgem Maria, Cristo se torna esposo da "natureza humana", da "Igreja" e da "alma santa ou devota" e, por conseguinte, nesta

---

[2] Nat. Dom. sermo 26, p. 2, in, BONAVENTURAE. *Opera Omnia, Sermones de Tempore*, t. IX, p. 125.

última a sua concepção deve acontecer na "mente" e na "carne". Portanto, em virtude da encarnação, essas três realidades se tornam "mães e esposas" do Verbo. Assim como a Virgem Maria, também elas se tornam mães que geram e acolhem e esposas que se unem em amor esponsal ao seu esposo. Segundo o doutor franciscano, Maria é apresentada como símbolo ou modelo dessa maternidade e relação esponsal.

Para s. Boaventura, a fé explica tanto a maternidade de Maria como a maternidade espiritual da Igreja. Maria é o começo, o modelo e a relização suprema da Igreja. A virtude da caridade por sua vez explica tanto o vínculo indissolúvel de Cristo com a Maria bem como de Cristo com a Igreja[3].

É relevante e fundamental ressaltar a ação do Espírito Santo que opera a obra da encarnação a partir da Virgem Maria e que, por conseguinte, continua a operar na humanidade de Cristo, na Igreja e na alma devota. Com efeito, a relação amorosa esponsal fundada desde o início é obra do Espírito Santo. Essa relação se desenvolve através dos tempos, desde o Antigo Testamento, tendo em Cristo, o seu meio e no Espírito Santo, o seu fim. Em suma, a Igreja no tempo encontra em toda ssma. Trindade o seu início, meio e fim, pensa o doutor seráfico.

2. União esponsal de Cristo com a Igreja

As bodas de casamento entre Cristo e a sua Igreja, preparadas já no Antigo Testamento, tiveram começo no seio de Maria, ao assumir a natureza humana e ao elevar a excelência de sua dignidade, se refere igualmente ao seu corpo místico. Porque na Virgem Maria se encontra a origem da humanidade reconcilada com Deus em Cristo. Essas bodas, resultado da união esponsal de Cristo com a sua Igreja, começaram a se

---

[3] POMPEI, Alfonso, Eclesiologia Franciscana, in, MERINO, J. A. e FRENESDA, F. M. (coords.). *Manual de Teologia Franciscana*, trad. bras. Petrópolis: Vozes, 2005, p. 236.

realizar já no seio de Maria, continuaram na vida pública de Jesus, foram aperfeiçoadas na Paixão, renovaram-se e manifestaram-se em Pentecostes. Agora, no tempo atual, continua até à parusia. Por conseguinte, o sacramento da Eucaristia é o memorial e o penhor da perpetuidade destas bodas. Aí Maria está sempre presente, em virtude do Espírito Santo[4].

São Boaventura em sua obra "Sobre os Sete dons do Espirito Santo" (Collationes de Septem Donis Spiritus Sancti) explica o significado da esponsalidade e da maternidade de Cristo, da Igreja e da Virgem Maria[5]. A analogia de Adão e Eva, segundo o doutor franciscano, reflete a profundidade da relação esponsal de Cristo com a Igreja e com a Virgem Maria. Eva foi mãe de todos os homens e mulheres, os quais foram semelhantes ao primeiro homem porque a sua mãe foi carne da carne e osso dos ossos de Adão. Assim também a Igreja, nova Eva, é mãe de todos os cristãos que são conformados e, por conseguinte, semelhantes a Cristo, mediante a graça do sacramento do Batismo.

Podemos assim afirmar que os fiéis bem como toda a Igreja são também "carne da carne; osso dos ossos de Cristo". O seráfico doutor acentua também outra analogia de Eva com Maria. Eva é o tipo de Maria não somente como esposa de Cristo, mas também como mãe do corpo físico e do corpo místico tanto no momento da encarnação assim como no tempo atual e no tempo final da glória. Maria é realmente carne da carne de Cristo e osso de seus ossos, refletindo o mistério da união entre o Verbo eterno e a humanidade no seio de Maria.

Essa simbólica da união matrimonial que procura explicar não somente a origem, mas também a relação da Igreja com Cristo tem como

---

[4] POMPEI, Alfonso, *Eclesiologia Franciscana*. p. 237.
[5] DSSt., col. 6 n. 20, in, BUENAVENTURA. *Obras de San Buenaventura*, t. V, Madrid: BAC, 1948, p. 535.

fundamento a cristologia e a mariologia. Por conseguinte, Maria segundo a simbólica nupcial reflete a origem e os primórdios da Igreja. Neste sentido, Maria como esposa de Cristo diz são Boaventura é mãe de todo povo cristão.

O doutor franciscano em sua explanação teológica sobre a esponsalidade se baseia especialmente na teologia da epístola aos Efésios, fazendo paralelo entre o sacramento do matrimônio e a união indissolúvel de Cristo com a sua Igreja[6]. São Boaventura pensa essa relação conjugal em analogia com o matrimônio humano. Por conseguinte, a relação conjugal entre homem e mulher significa a união de Cristo com a sua Igreja. Logo, o sacramento do matrimônio é símbolo da união conjugal sacramental e espiritual entre Deus e o homem e Cristo e a Igreja.

Para contrair o matrimônio é necessário que haja entre os cônjuges cópula da vontade e da natureza. Essa união conjugal requer cópula "espiritual" segundo a caridade no consenso mútuo e livre entre liberdades e, por outro lado, deve se realizar "corporalmente", porque segundo a natureza, para que haja matrimônio se exige cópula sexual. Essa cópula se dá na relação entre Cristo e a sua Igreja segundo a natureza (per naturae conformitatem) visto que Cristo em sua totalidade corporal, Cabeça e Corpo místico constitui naturalmente uma mesma e única coisa. No casal humano essa unidade natural acontece através da relação sexual[7].

Segundo o doutor seráfico:

"Ao que objeta que o matrimônio significa união da natureza; dizendo que o matrimônio possui duplo significado. Na verdade, significa a

---

[6] Ef 5, 23.

[7] IV Sent., d. 26 c. 6. BONAVENTURAE. *Opera Theologica Selecta*. t. IV, Ed. Minor, Firenze: Ad Claras Aquas, 1949, p. 660.

união de Deus com a Igreja segundo a caridade e também o vínculo segundo a união na unidade da pessoa"[8].

E acrescenta em outro lugar:

Portanto, se fala do sacramento do matrimônio pela união sexual ou significa a união de Cristo e da Igreja quanto a união da natureza, por causa da inseparabilidade, conforme o que é dito na carta aos Efésios (5, 32): 'Este sacramento é grande; porém, digo isto em relação a Cristo e a Igreja'[9].

Enquanto a cópula ou união dos esposos se dá de modo sexual ou carnal, aquela de Cristo com a sua Igreja se efetua de modo natural, isto é, em conformidade com a natureza. Ou seja, essa cópula, que é um elemento essencial para que haja matrimônio, em relação à união conjugal entre Cristo e a sua Igreja se realiza conforme a união hipostática da natureza divina e da natureza humana na unidade da Pessoa e também segundo a caridade. Enquanto a união em conformidade com a natureza opera essa união matrimonial indissolúvel entre Cristo e a sua Igreja, o vínculo conjugal segundo a caridade se opera segundo a livre, mútua e amorosa relação entre ambos.

O matrimônio humano é um mistério ou sacramento porque imagem do matrimônio de Cristo com a sua Igreja. Entretanto, o matrimônio humano para ser perfeito deve expressar e apontar para a imagem da união conjugal entre Cristo e a Igreja[10]. Antes do pecado original, o matrimônio humano era sinal da união conjugal entre Deus e a alma; no momento atual, é sinal da união entre Cristo e a Igreja.

---

[8] III Sent., d. 1 a. 2 q. 2 n. 8. BONAVENTURAE. *Opera Theologica Selecta*, t. III, Ed. Minor, Firenze: Ad Claras Aquas, 1941, p. 19.

[9] Ibid.

[10] IV Sent., d. 26 c. 6. BONAVENTURAE. *Opera Theologica Selecta*, t. IV, p. 660.

No decorrer do tempo, esse matrimônio espiritual de Cristo com a Igreja aconteceu em três momentos: já se iniciou com a promessa do Salvador aos antepassados (os patriarcas já tinham a fé e a caridade e, por conseguinte, pertenciam ao coropo místico [corpus mysticum]), se cumpriu através da encarnação e se consumou através da Paixão de Jesus Cristo.

Afirma s. Boaventura:

"A saída é para o Verbo encarnado que é o leite dos pequeninos, do qual se lê em São João: o Verbo se fez carne e habitou em meio a nós. Desta saída fala o livro do Cântico dos cânticos: Saí, ó filhas de Sião, e vereis o rei Salomão com o diadema com a qual o coroou sua mãe no dia de seus desponsórios, dia que ficou coroado de júbilo o seu coroção. Este diadema com a qual é coroado por sua mãe, o verdadeiro e pacífico Salomão, é a carne imaculada que tomou da Virgem Maria, a qual se chama diadema de desponsórios porque com ela se desposou com a santa mãe Igreja que foi formada de seu lado, assim como Eva do lado do varão. E dela toda hierarquia eclesiástica é purificada, iluminada e aperfeiçoada. E por isso há de olhá-la como pasto vivificador de toda Igreja..."[11].

Essa carne imaculada de Maria unida a Cristo no mistério da encarnação se tornou "*verdadeiro pasto vivificador de toda Igreja*". O doutor franciscano louva ao máximo a Maria chamando-a de "diadema" ou coroação, momento forte que possibilitou o mistério da íntima relação esponsal com Cristo. Em Maria, Cristo se une a humanidade e, por conseguinte, a humanidade se une a Cristo. Essa humanidade que procede da carne de Maria significa a Igreja, esposa de Cristo.

[11] BUENAVENTURA. Serm. Chris. Magis. n. 13 (BAC I 689). Maria tem um lugar de suma relevância na eclesiologia de são Boaventura. Dela não somente tem origem e fundamento a Igreja, desde o mistério da encarnação e sua esponsalidade, mas também é sinal e modelo de purificação, iluminação e aperfeiçomento. A Virgem Maria expressa antecipadamente a origem, o meio e o fim da Igreja, esposa de Cristo. Ela é o tipo de perfeição da Igreja. Assim como a Virgem alcançou a perfeição assim também deve acontecer na Igreja peregrina ou militante.

Em outro texto, indaga o doutor franciscano: Quem é este esposo? Em que tempo deveria chegar? Este esposo é Cristo que veio ao mundo na qualidade de esposo. Ele chegou no tempo, após a missão de são João Batista, o seu paraninfo, ou seja, a testemunha desse acontecimento da união conjugal de Cristo com a sua Igreja, em razão da manifestação da plenitude da graça. Não convinha chegar antes, mas depois do paraninfo. Logo, este paraninfo deveria trabalhar a mensagem por primeiro, antes da chegada do Esposo. Esta verdade vale tanto para o Novo como para o Antigo Testamento, declara o doutor franciscano[12]. Deste modo, Deus intenciona e estabelece o tempo das bodas. Este tempo é o tempo da encarnação.

Para são Boaventura, Cristo em virtude da encarnação é o doador da graça. Tal realidade reflete um grande sacramento. Em Cristo na unidade de sua Pessoa se dá a plenitude da graça, visto que dele recebemos toda graça. Cristo é a fonte da graça de modo que Ele, o doador do Espírito Santo, torna a Igreja fecunda. No mistério de sua encarnação, já no momento do nascimento de Cristo, Deus revela a sua misericórdia e condescendência para conosco.

Cristo se apresenta como esposo da Igreja, o qual se une a ela com amor benévolo, segundo declara o evangelista são João[13]. É o esposo quem possui a esposa. Neste sentido, a iniciativa do convite à união conjugal com a Igreja procede somente dele. Cristo lhe comunica toda riqueza do seu amor benévolo para dela cuidar, a fim de purificá-la, santificá-la e restaurá-

---

[12] Dom. 3 Adv. Sermo 2, in BONAVENTURA, *Opera Omnia. Sermone de Tempore*. p. IX, p. 65.

[13] Jo 3, 29.

la. Pensando no triplíce processo de aperfeiçoamento da relação conjugal, doutor franciscano se baseia na carta de são Paulo aos Efesios[14].

Se Cristo está unido a Igreja, sua esposa em laços de amor de caridade, essa Igreja não pode estar privada de seu esposo. A inabitação do Espírito Santo faz com que a esposa esteja sempre em relação conjugal e unida a Cristo de modo que o Esposo está sempre presente a sua esposa.

A Igreja é constituída de duas partes, a saber, triunfante e militante. Cristo é o esposo da Igreja tanto no céu como na terra, seja da Igreja triunfante como da Igreja militante. A primeira já se encontra em estado de glória e a segunda está a caminho. Entretanto, aquilo que a triunfante já possui de modo definitivo, a militante é chamada a possuir[15].

Com efeito, a humanidade se enche de alegria messiânica, porque o Salvador, em sua Vinda, ao se revelar neste mundo se uniu a sua esposa para santificá-la e conduzi-la à perfeição. Na encarnação acontece a plenitude da relação esponsal entre Cristo e a sua Igreja.

Por conseguinte, as bodas de Cristo com a Igreja foram celebradas no momento culminante de sua Paixão quando doou tudo de si por nós e para a nossa salvação. Tal sacrifício, cuja oferta foi a sua própria vida, efetuou ato decisivo mediante o qual foi fundada a Igreja. Neste momento, lhe foi dada a vida e, por conseguinte, unida a Ele para sempre, quando a assumiu e a tomou como o seu próprio corpo e esposa. Foi nesse momento consumante das bodas que foi dado a Igreja o dom do Espírito Santo.

Através dessa união, Cristo em sua benevolência está continuamente se doando a sua Igreja, lhe querendo bem de modo a purificá-la de todo pecado para que se torne Igreja pura e sem mancha. O Esposo, Cristo dá a

[14] Ef. 5, 25. In Nat. Dom. sermo 26, n. 2, in BONAVENTURA, *Opera Omnia. Sermone de Tempore*. t. IX, p. 125.
[15] Circum. Dom. sermo 1 p. 136.

sua esposa, a Igreja o Espírito Santo, que é a caridade em pessoa. Assim como no Esposo, o Espírito está presente à esposa. Deste modo, o Espírito Santo habita também a Igreja. Logo, esse Espírito tem a missão de santificar a Igreja, tornando-a cada vez mais digna ao seu Esposo, conduzindo-a ao banquete escatológico do Reino dos céus. Com efeito, a simbólica nupcial explica a relação conjugal da Igreja com Cristo como missão do Espírito Santo. Sem a graça do Espírito Santo não se estabelece união fecunda e duradoura entre Cristo e a sua Igreja; entre o Amante e a amada.

Igualmente esse Espírito que habita a Igreja, atua com a sua graça de modo que a Igreja gera muitos filhos pelo Batismo. Assim como a Virgem Maria foi agraciada e santificada pelo Espírito Santo e gerou o Filho de Deus assim também a Igreja na qualidade de esposa é também nossa mãe que gera para Cristo por meio do batismo muitos filhos e filhas.

No tempo da graça, afirma o seráfico doutor, Cristo se desposou de uma nova mulher, celebrou um novo banquete e gerou uma nova descendência. Esse período da história supera o tempo da circuncisão.

Segundo o doutor franciscano Cristo se desposou de uma nova mulher como é dito no livro do Apocalipse:

"Vi a cidade santa, a nova Jerusalém, que da parte de Deus descia do céu e estava adornada como uma esposa enfeitada para o seu esposo. A nova Jerusalém que descia é a mãe Igreja, que deve baixar do céu, porque foi fundada pelo Espírito Santo ao descer do céu"[16].

---

[16] In Circum. Dom. in, BUENAVENTURA. Obras de San Buenaventura, t. II, Jesu Cristo, 3ª. Ed. Madrid: BAC, 1967, p. 362.

Esta Igreja segundo são Boaventura é a "cidade celeste" ou a "a nova Jerusalém" que desce do céu da parte de Deus[17]. Ela é a nova esposa preparada e ornada para o seu Esposo; é também chamada de "mãe Igreja", porque descendo do céu por meio do Espírito Santo é fundada na terra. Por sua vez, em virtude do Espírito Santo, esta Igreja é configurada à imagem da Jerusalém celeste. Esta é a Igreja congregada dos gentios; a Jerusalém na terra; a nova esposa de Cristo.

Todavia, conforme o livro do Apocalipse, a mesma se chama "nova", mas somente em relação à sinagoga, ou seja, ao povo judeo incrédulo, explica são Boaventura[18]. Em outras palavras, expressa a descontinuidade histórica em relação àqueles que conheceram as promessas, mas não creram em Cristo, conforme declara a sagrada Escritura. Deste modo, a recuza dos judeus incrédulos resultou na fundação da Igreja, esposa de Cristo que abarca universalmente todos os seres humanos, de todas as raças e línguas.

Porque segundo pensamento tipicamente boaventuriano, a Igreja sempre existiu desde os primórdios dos tempos; desde o Antigo Testamento. Com efeito, observa ainda o doutor franciscano que essa nova relação esponsal com a Igreja, ao contrário da antiga, não é mais carnal, marcada por uma circuncisão física, mas espiritual, baseada na graça do Espírito Santo. Com efeito, a Igreja se manifesta em sua plenitude agora no tempo da Lei da graça ou tempo do Espírito Santo. Portanto, a Igreja está unida ao seu Esposo e se apresenta como a nova esposa somente no princípio do tempo da graça. Todavia, o banquete gratuito e nupcial não pode ser celebrado antes do tempo da graça[19].

---

[17] Circum. Domin. sermo 1 (IX 135 b).
[18] Ibid.
[19] In Coen. Dom. sermo 2, Ibid. p. 250.

Segundo o doutor franciscano, essa relação matrimônial coincide com a história da salvação. Outrora no tempo da relação matrimonial do homem em concupiscência carnal havia as núpcias da culpa. No tempo do matrimônio de Deus e da alma, havia as núpcias da graça. Já no tempo do matrimônio entre Jesus Cristo e a Igreja no presente acontece as núpcias da Eucaristia. E no futuro escatológico, haverá as núpcias da glória[20].

Tal relação conjugal fundada em Cristo evolui no tempo de modo gradual até chegar ao seu sentido pleno na obra da encarnação. Em Maria, a união matrimonial entre Deus e a humanidade adquire sentido pleno. Deixa de ser relação esponsal de Deus com a humanidade para se tornar união conjugal de Cristo com a sua Igreja. No tempo atual, essa união conjugal se dá por meio da caridade e da graça. São quatro as etapas dessa relação matrimonial. Da compreensão simbólica do matrimônio natural entre homem e mulher se estabelece no tempo segundo a Escritura o matrimônio de Deus com o seu povo, no Antigo Testamento e, por conseguinte, de Cristo com a sua Igreja. Em todas elas se estabelece a lógica da pluralidade e da unidade porque Deus "de muitos faz um". Na primeira, de dois faz uma só carne; na segunda, de vários faz um conforme um só e mesmo espírito; na terceira, de muitos estabelece um só corpo místico e na quarta, da multidão faz um só em beatitude[21]. Portanto, este matrimônio fundado no mistério da encarnação do Verbo simboliza e realiza através dos tempos a unidade ou comunhão do corpo místico.

Por sua vez, o sacramento da Eucaristia é o novo banquete das bodas onde o próprio Verbo, esposo da Igreja se dá sacramentalmente como alimento celeste. Ela é sinal da continua e eterna presença do Esposo a sua esposa. O Verbo de Deus, como alimento, é o pão dos anjos e, como Verbo

[20] In Jo c. 2 c. 8 n. 3, 5, 8. Ibid. t. VI, p. 545 a-546 a
[21] IX 247 b e IX 727 a.

encarnado, é o pão dos pequeninos. Neste sentido, a Eucaristia se encontra no coração ou no centro que unifica e integra o corpo místico, cuja amplitude alcança o céu e a terra. Essas bodas, que é a celebração das núpcias da Eucaristia, já no presente entre Cristo e a Igreja significa a antecipação daquelas que acontecerá na glória do céu. A Eucaristia está no coração dessa relação esponsal de Cristo com a sua Igreja.

Em virtude da caridade desse sacramento se dá a união e a conservação dessa relação esponsal. Comungando desse alimento celeste, a esposa, isto é, a Igreja não é privada de seu esposo e, por consequência, comendo de uma só refeição está cada vez mais unida ao seu Esposo. A Eucaristia abrange a muitos membros, visto que comungam de um mesmo e único alimento. Isto acontece porque este sacramento comunica a virtude da caridade que une a todos para formar um só corpo, uma só esposa[22].

As "propriedades" desse casamento espiritual são de relevância para a reflexão teológica fundamental da Igreja. Elas simbolizam o "bem" que se realiza através de outros três bens, ou seja, fides, proles, sacramentum do matrimônio natural. Estes três "bens" segundo B. significam a tríplice propriedade da união de Cristo com a Igreja. E porque Cristo está unido a ela, possuindo uma só esposa e com ela formando um só Espírito, gera os seus filhos[23]. Portanto, na aliança entre os conjuges, a esposa recebe de seu esposo a graça da fé que gera através dos sacramentos novos filhos e filhas.

A Igreja foi formada pelos sacramentos que nos foram dados mediante o mistério da Paixão. Assim como Eva foi tirada do lado de Adão assim a Igreja foi formada do lado de Cristo adormecido na cruz. Do seu lado brotou sangue e água que nos valeu os sacramentos pelos quais nasceu

---

[22] Cf. In Circum. Dom. Ibid. t. II, p. 363-364.

[23] IV Sent., d. 31 a. 1 q. 2 in fine corp., in, BONAVENTURAE. *Opera Omnia.t. IV, p.* 719b. Cf. também H. BERRESHEIM, Heinrich. *Christus als Haupt der Kirche nach dem heiligen Bonaventura*, Münster: Antiquariat Th. Stenderhoff, 1983, p. 102.

a Igreja. O doutor franciscano usa, pois, a imagem do matrimônio de Adão e Eva não somente para explicar a relação esponsal de Cristo com a sua Igreja, mas para argumentar também a sua origem e formação sacramental[24].

Como hierarca principal, Cristo, Senhor e esposo é a Cabeça, porque governa, vivifica e fecunda a Igreja que está intimamente unida a Ele. Cristo é a fonte da graça do qual fluem todos os sentidos e movimentos espirituais e dons da graça[25]. Essa simbólica procura explicar também a origem, a formação e a continuidade sacramental do ministério ordenado.

Neste contexto sacramental das bodas, após a ressurreição e ascensão de Cristo, os apóstolos outrora escolhidos e instituídos pelo Senhor em sua vida peregrina e mortal, continuam essa relação esponsal entre Cristo e a Igreja ainda na terra. Já que o Esposo Cristo lhes soprou o seu Espírito Santo, conferindo participação em seu ministério, eles se tornam sinal visível do mistério dessa relação esponsal. Assim como Cristo é o esposo interior e invisível, por sua vez, os apóstolos são esposos visíveis de sua Igreja. O Verbo encarnado doador do Espírito Santo é a fonte da graça esponsal que confere carismas, dons e ministérios à Igreja. Com efeito, em sua função sacramental, os apóstolos são revestidos da beleza da graça da esponsalidade.

Através dos bispos, sucessores dos apóstolos, Cristo mediante o seu Espírito continua de modo externa ou visível essa relação esponsal com a sua Igreja militante que é ao mesmo tempo peregrina; está a caminho da pátria celeste, na dinâmica de continua e progressiva renovação, purificação, iluminação e aperfeiçoamento.

Porém, entre os bispos, estabelecidos no lugar de Cristo, que são os esposos de suas respectivas Igrejas particulares, o sucessor de Pedro, o

---

[24] DSSt. col. 5, n. 20. Ibid. t. V, p. 535.
[25] BATTAGLIA, Vicenzo. CAROLI, Ernesto. *Sponzo, Sponza*, in, Dizionario Bonaventuriano. p. 775.

sumo pontífice, bispo de Roma, é o esposo máximo da Igreja, que visibiliza sacramentalmente a amorosa relação esponsal de Cristo com a sua Igreja.

Neste sentido, afirma A. Pompei:

"A hierarquia, portanto, torna a cabeça visivelmente presente ao corpo, o esposo à esposa, e dá a sua contribuição específica à continuação da missão de Cristo"[26].

Segundo o santo doutor:

"... a Igreja é uma só esposa, logo deve ter um só esposo; porém, todas as Igrejas particulares se reduzem a uma só Igreja; logo todos os esposos estabelecidos em lugar de Cristo, quer dizer, os bispos devem reduzir-se a um só esposo, que é o vigário principal de Cristo..."[27].

Esse "reduzir-se", linguagem típica do vocabulário filosófico e teológico de são Boaventura, influenciado pelo Pseudo-Dionísio, padre da Igreja oriental, significa não somente obediência ao papa, mas também consenso na unidade. A primazia da Igreja de Roma na Igreja universal é sinal de unidade para as diversas Igrejas particulares. Por conseguinte, o papa e os bispos, sucessores dos apóstolos, escolhidos por Jesus, existem e devem agir em razão de sua fonte primária, Cristo, o vigário principal. Os ministros ordenados devem se configurar interiormente e exteriormente a prática e a vida de Cristo no exercício de seu ministério pastoral.

Segundo são Boaventura, os bispos são esposos da Igreja. E porque esposos são os dispensadores ou administradores do seu tesouro espiritual, e que com a mesma gera muitos filhos perfeitos e imperfeitos. Neste sentido, somente a eles compete a distribuição do tesouro espiritual da Igreja porque receberam de Cristo o matrimônio com a Igreja e, por conseguinte, o encargo de solicitude para com os seus filhos. Entre eles, o sumo pontífice é o esposo e guia da Igreja universal. Ele é o esposo

---

[26] Cf. POMPEI, Alfonso. *Eclesiologia Franciscana*, p. 223.

[27] Perf. Ev. c. 4, a. 3 n. 22, in, BUENAVENTURA. *Obras de San Buenavenura*, t. VI. Madrid: BAC, 1949, p. 303.

principal, cuja solicitude espiritual abrange a totalidade da Igreja, compreendendo a todos os seus filhos porque é pai de todos[28].

Nessa relação nupcial, são Boaventura compreende que a esposa deve responder a iniciativa de amor do esposo, através do exercício de quatro propriedades, acolhendo a doçura da influência divina, que são a austeridade na carne, humildade na mente, ardor da caridade e doçura da devoção[29]. Esta resposta amorosa não é algo de abstrato, mas requer consequentemente conhecimento ou experiência vital de toda Igreja e dos fiéis em particular.

Em outro texto, o doutor seráfico, declara que Cristo está unido em relação conjugal em quadro modos, ou seja, está unido à natureza humana, à Sagrada Escritura, à alma contemplativa e à Jerusalém celeste.

Entretanto, esta união com a Sagrada Escritura apresenta a Cristo como chave de interpretação bíblica igualmente em quatro modos: literal, alegórico, moral e anagógico[30]. Segundo o doutor franciscano, a encarnação não somente aconteceu na carne, mas também na humanidade da linguagem da Escritura.

Declara o doutor franciscano em sua obra Brevilóquio:

"...assim como Cristo foi envolvido em paninhos (na manjedoura), assim também a Sabedoria de Deus nas Escrituras foi envolvida em certas figuras humildes"[31].

---

[28] Cf. IV Sent., d. 20, p. 2, art. u. q. 3 (IV 534). BONAVENTURA. Opera Omnia.

[29] Dom. 3 Adv. Sermo 2, in BONAVENTURA, *Opera Omnia. Sermone de Tempore*. p. IX, p. 64.

[30] De sanct. Ioan. Evang. Sermo 2 Ibid. p. 495. Cf. Brev. prol. p. 4 n. 1, in, BUENAVENTURA, *Obras de san Bueanventura*, t. 1, p. 183. O sentido literal se interpreta em três maneiras: sentido alegórico se refere ao objeto de nossa fé (conhecimento); sentido tropológico ou moral indica àquilo que se faz ou que se irá fazer (prática). E sentido anagógico significa o movimento para cima da parte do homem em seu desejo existencial de bem-aventurança e felicidade eterna (desejo). A sabedoria que se reduz a Cristo é múltipla e una (n. 2). A Escritura Sagrada em uma só letra gera multiforme sentido (p. 185). O sentido literal compreende a inúmeros sentidos místicos ou profundos (n. 3).

[31] Brev. prol. p. 4 n. 4. Ibid. p. 185.

Ela também é esposa porque contém a humildade das palavras humanas, símbolos e metáforas inspiradas por Deus, reveladoras do mistério. Logo, a união conjugal, mística e amorosa com a humanidade acontece também através das palavras humanas da Sagrada Escritura.

Essa Igreja possuindo e experimentando o dom do Espírito Santo, recebendo inúmeros dons criados, é chamada a santidade, isto é, a se constituir pela virtude da caridade e da graça a semelhança de seu Esposo, Cristo.

Afirma o doutor franciscano:

"Segundo o capítulo sexto do livro do Apocalipse: Vi a cidade santa, a nova Jerusalém, descendo do céu, que por meio de Cristo descia na carne e através do Espírito Santo na mente, fazendo descer a santidade na Igreja como esposa, etc."[32].

Esta visão dinâmica do livro do Apocalipse mostra a descida ou abaixamento da Jerusalém celeste em virtude de Cristo que desceu à carne da humanidade[33]. Por sua vez, o Espírito Santo desceu à mente ou a alma humana para santificar a Igreja como esposa. Esse Esposo não somente está unido a sua esposa, a Igreja, mas em virtude da graça lhe faz santa, semelhante a si mesmo. Logo, a Igreja peregrina na terra e a alma fiel têm as mesmas feições de Cristo. Essa santificação deve alcançar a Igreja peregrina ou militante como um todo bem como a alma santa de modo livre e pessoal. Deste modo, assim como santo é o seu Esposo, igualmente a esposa deve se apresentar santa ao lado de seu esposo, Cristo. Esta santidade lhe faz geradora de filhos e filhas santos.

Ainda no livro do Apocalipse, o doutor franciscano reflete sobre a beleza da Igreja que é gerada pelo encontro nupcial com o Esposo, Cristo. No contato com a beleza do Esposo, a Igreja é ornada de beleza e

---

[32] In Fest. Omn. Sanct. Sermo 1. Ibid. p. 599.
[33] Ap 21, 2.

formosura. Com efeito, a estética é elemento eclesiológico fundamental na apresentação do simbolismo cristológico da relação conjugal. Cristo não somente funda a Igreja, mas lhe capacita, lhe santifica, embelezando-a e lhe fazendo semelhante a Ele. Essa beleza é somente possível através da união cada vez mais íntima com o seu Esposo. Assim como na ação criadora pelo Verbo incriado, há natualmente graus de beleza na diversidade da criação, de modo análogo mediante o Verbo encarnado, na ação recriadora, há na Igreja e em seus membros graus de beleza e perfeição.

Contudo, somente Cristo e o Espírito Santo ornamentam de beleza a Igreja. A expressão máxima da beleza de Cristo se encontra no mistério da Paixão. Porque neste acontecimento sublime se manifestou em excesso o amor de caridade e misericórdia de Deus para conosco. Com efeito, a caridade é a expressão máxima da beleza de Deus. Neste sentido, a Igreja, símbolo e reflexo do amor divino, é chamada a expressar interiormente e visivelmente esta beleza da caridade em sua vida de testemunho e sacramentalidade.

Se o Esposo é belo, igualmente deve se apresentar a esposa ao lado de seu Esposo. A Igreja, ou seja, a cidade santa, a Nova Jerusalém descida do céu, é a esposa é ornada de beleza mediante a beleza de seu Esposo[34]. Esta mesma revestida de rica beleza está preparada para a participação nas bodas do Cordeiro. Vestida com a segunda estola é então introduzida no palácio real e místico tálamo, se unindo ao Esposo celestial em aliança de amor indissolúvel tão íntimo de modo que esposa e Esposo serão como que um só espírito (ut unus fiat spiritus)[35]. Cristo vestirá de toda beleza todos os eleitos a semelhança da túnica de várias cores, refulgindo a beleza de todos

[34] Lig. vit. n. 44. Ibid. p. 317.

[35] Ibid. Essa segunda estola segundo visão escatológica do doutor seráfico significa o prêmio consubstancial que consiste na glória do corpo que reveste a alma bem-aventurada, a qual tende ao mais alto do céu. Este prêmio se apresenta segundo os quatro dotes do corpo: claridade, sutileza, agilidade e impassibilidade, correspondendo ao menor ou maior grau da caridade. Cf. Brev. P. 7 c. 7 n. 1. Ibid. p. 529.

os ornamentos, oculta de todas as pedras preciosas[36]. Esta unidade mística com o Esposo embeleza a Igreja e a prepara para a participação definitiva nas bodas do Reino dos céus.

3. Relação conjugal de Cristo com a alma santa ou fiel

Essa relação esponsal segundo são Boaventura afeta não somente a Igreja militante em seu conjunto, mas igualmente cada membro ou pessoa em particular, a alma santa ou fiel. Neste sentido, perguntamos: quando ou como a alma se torna esposa de Cristo? E que relação conjugal se estabelece entre ambos?

Quando a alma adere a Cristo pela fé e pelo batismo, ela contrai em consenso e liberdade matrimônio espiritual com Deus[37] A partir daí, se estabelece relação amorosa, na qual ela é amada pelo seu Esposo, e como esposa é chamada amá-lo e a renovar sempre o seu amor para com o seu Amado. Em resposta ao seu chamado, o Esposo, Cristo está sempre restaurando a dignidade e a beleza de sua esposa, preparando-a para as bodas definitivas na glória celeste:

"Levanta-te, pois, amada de Deus, esposa de Jesus Cristo, pomba do rei eterno, vem corre às bodas do Filho de Deus, pois toda corte celestial te espera, porque todas as coisas já estão preparadas"[38].

Nesse compromisso esponsal da alma com Cristo se dá profunda relação de amor puro ou casto, de bondade e de doação que supõe ao mesmo tempo a fé, a liberdade e a consciência da parte da pessoa. Essa

---

[36] Ibid.

[37] IV Sent., p. 1 a. 2. q. 1 n.1-4, Ibid. p. 100 a.

[38] De Perf. Vit. Sors. c. 8, n. 2, in, BUENAVENTURA. *Obras de San Buenaventura,* t. IV. Madrid: BAC, 1947, p. 473.

relação mística de amor não é carnal, mas espiritual, ou melhor, fraternal ou sororal.

Na obra de autencidade duvidosa atribuída a são Boaventura, "Vitis Mystica" (A vida Mística), o autor desse opúsculo reflete a espiritualidade familiar e conjugal entre Cristo e os seus membros fiéis[39]. Com efeito, Cristo se relaciona com a alma fraternalmente, considerando-a amiga ou irmã:

"Chagaste-me o coração, minha irmã; oh esposa! Chagaste-me o coração. Como se dissera: Porque tu me chagaste com o zelo de teu amor fui ferido com a lança do soldado. Quem senão se deixara ferir o coração por um amigo a não o ter já ferido pelo amor? Mas por que irmã e esposa? Não significava suficientemente o afeto do esposo enamorado chamando-a somente irmã ou esposa? E por que esposa e não mulher como quisera que tanto a Igreja como a alma fiel não deixassem de gerar todos os dias filhos de boas obras a seu esposo Cristo?[40]".

Em seguinte, o autor procura definir a qualidade do amor esponsal:

"Assim como as esposas se amam também com paixão carnal e o amor de nosso esposo é todo puríssimo, dá a esposa o nome de irmã, porque estas nunca se amam com amor sensual. Diz, pois, o esposo: chagou-me o coração minha irmã, esposa; como quem diz: por que te amo ardentemente como esposa, castamente como irmã, meu coração foi chagado por ti"[41].

Também em outras obras ou sermões, o doutor seráfico denomina a alma de "irmã" ao lado da denominação "esposa". Segundo citação do livro

---

[39] BOUGEROL, Jacques Guy. *Introduction a saint Bonaventure.* Paris: Librarie Philosophique J. Vrin, 1988, 254.
[40] Vit. Mys., c. 3, n. 5. Ibid. t. II, p. 460.
[41] Ibid. p. c. 3, n. 6.

dos Cântico dos Cânticos, o Amado se refere a amada como "minha irmã, minha amiga, minha imaculada" [42]. Estas qualidades são dadas à alma fiel em virtude do mistério da encarnação. Deste modo, ela é chamada irmã, porque expressa conformidade com o Amado; é amiga pela intesidade de sua caridade, e é pomba em razão de sua simplicidade penetrante e da eterna castidade[43]. Em outra passagem, são Boaventura ao chamá-la de "irmã" se refere a pureza de sua mente e de seu corpo. Com efeito, ao cumprir a vontade de Deus, a alma se torna irmã de Cristo, participa de sua família ou parentela. Pois, na relação entre irmãos e irmãs, o amor é casto e puro. Quando a alma é casta e se conserva pura, então se diz que ela é irmã de Cristo (soror Christi)[44]. Também a Virgem Maria é chamada de "minha irmã ou minha esposa" por causa de sua vida de pureza e santidade[45].

Segundo o doutor franciscano as virtudes da fé e da caridade acentuam a ação sobrenatural de Cristo e do seu Espírito nos membros do Corpo místico. Ambas são efeitos da graça da Cabeça em nós. A fé nos incorpora a Cristo, porém a caridade não somente nos une a Cristo, mas vincula a nossa alma ao amante, estabelecendo uma relação afetiva com Deus. Pela fé e pela caridade como frutos da Paixão do Senhor somos justificados[46]. Por conseguinte, a virtude da caridade une de tal modo os membros entre si de modo a uni-los cada vez mais a Cristo. A caridade é o vínculo no qual o Esposo se une a sua esposa. E segundo o doutor seráfico a virtude da caridade entre todas as outras é a mais "unitiva". Tal virtude nunca se separa da graça. Segundo o doutor franciscano, a caridade é o

[42] Ct. 5, 2.
[43] In Nat. Dom. Sermo XVI. Ibid. t. IX, p. 118.
[44] Fer. quar. p. Dom. pr. in Quadr. sermo. t. IX, p. 212 b.
[45] De Assumt. B. V. M. sermo 4. Ibid. t. IV, p. 887.
[46] III Sent. d. 19 a. 1 dub. 2 in resp., p. 412 b; III Sent. p. 888 a.

dom mais excelente da graça santificante. Trata-se de um hábito da graça[47]. Além do mais, a caridade é virtude ou amor gratuito[48].

Para o doutor franciscano, o amor é a vida da alma de modo que sem caridade a mesma se separa de Deus e, portanto, morre[49]. Quando a alma se une a Deus pela caridade é vivificada[50]. A caridade conduz o ser humano à perfeiçao[51]. Ela nos faz deiformes, ou seja, semelhantes a Deus. Com efeito, o homem aderindo a Deus pela caridade se torna um só espirito com Ele[52]. Seguindo a tradição agostiniana, B. chama o Espírito Santo de bondade ou caridade. Deus mesmo como nos diz o evangelho de são João é a caridade, mas por "apropriação" o Espírito Santo é chamdo de "caridade"[53]. Com efeito, a Trindade se une a nós em razão da Terceira pessoa que é chamada de nexo ou caridade do Pai e do Filho. Neste sentido, essa virtude constitui a vida da Igreja porque nela habita o Espírito, vivificando-a na relação conjugal com o Esposo.

3.1. A graça do Espírito Santo na constituição do amor esponsal

E como a alma humana, criada a imagem de Deus, se torna "esposa de Cristo"? E qual é o papel do Espírito Santo na preparação da alma para o encontro e a união com o seu Esposo?

Esta questão é aprofundada especialmente no tomo quinto do seu livro "Breviloquium", breve suma de teologia, preparada para o ensino da sagrada teologia aos frades franciscanos. Ao falar sobre o mistério da encarnação do Verbo no tomo quarto, enfatizando a ação do Espírito Santo

---

[47] III Sent. d. 27 a. 1 q. 3 concl. n. 3, p. 598 a/b.
[48] I Sent. prol. dub. 4, p. 23
[49] IV Sent. d. 17 p. 1 dub. III, p. 433 a.
[50] Ibid.
[51] Perf. Vit. c. 7 n. 1 t.
[52] III Sent. a. 17 a. 2 q. 1 in corp. p. 604 a.
[53] Brev. p. 1 c. 3 n. 9. Ibid. t. I, p. 213; Brev. p. 4 c. 10 n. 8, p. 375.

na pessoa de Maria, na concepção de Cristo e na fundação da Igreja, o doutor franciscano se ocupa agora com os efeitos da graça operadas no Pentecostes da pessoa fiel ou alma santa.

O Espírito Santo é um dom de Deus, ótimo e perfeito que desce do Pai das luzes por meio do Verbo encarnado[54]. O propósito deste dom é aperfeiçoar a alma para que se estabeleça a relação vital, familar e esponsal com Deus. Deste modo, a alma se torna

"esposa de Cristo e, por conseguinte, filha do Pai eterno e templo do Espírito Santo"[55].

Portanto, a razão da missão deste dom do Espírito Santo concedido gratuitamente à alma é fundar relação mística e esponsal com Cristo de modo a habilitá-la a vida de comunhão com a Trindade.

Essa reconstituição ou recriação da vida e da relação de amor da pessoa humana é dom da Trindade em sua condescendência. Com efeito, a Trindade ao nos conceder o dom de sua graça, abaixou-se ao nível da alma humana, condescendendo-se de sua miséria para torná-la grata ou justificada[56]. Por conseguinte, essa inabitação da Trindade mediante a graça do Espírito Santo funda na alma uma mística relação esponsal.

Enquanto o primeiro Princípio criador, segundo a sua infinita benevolência, nos fez capaz da eterna bem-aventurança, para a qual fomos criados, o Princípio reparador restaurou em ordem à salvação eterna a primigênia capacidade enfraquecida pelo pecado[57]. A alma humana é chamada a alcançar essa bem-aventurança eterna que consiste em possuir o sumo Bem. Este sumo Bem é Deus mesmo, cuja possibilidade de alcance

[54] Brev. t. 5 c. 1 n. 2, p. 377.
[55] Ibid. n. 2.
[56] Ibid.
[57] Ibid. n. 3, p. 379.

não depende de nossa capacidade humana ou criatural. Deus se abaixando a si mesmo, se colocando ao nível da criatura humana, possibilitou à alma poder se levantar sobre si mesma[58].

Deste modo, a alma se torna digna da bem-aventurança não por conta própria ou em virtude de seus próprios méritos, mas em razão de um influxo deiforme[59]. Esse influxo procede de Deus, é segundo Deus e tem como meta a Deus. Assim mediante o dom da graça que é um hábito deiforme, a imagem divina de nossa mente é configurada à beatíssima Trindade, seja segundo a ordem ou conforme a origem; igualmente, segundo a retitude da eleição e o repouso da fruição.

A alma é então reduzida ou reconduzida a Deus, e imediatamente, sem intermediários, se conforma a Deus. E assim como este dom imediatamente procede de Deus, igualmente dele procede à imagem de Deus e, em última análise, nossa semelhança de Deus. Essa semelhança significa aperfeiçoamento deiforme da imagem divina, que são Boaventura chama de "imagem da recriação" [60]. Por conseguinte, o dom criado e dado pelo Espírito Santo nos faz deiformes e, por conseguinte, aptos para a fruição de Deus[61]. Essa presença do Espírito Santo nos possibilita gozar a Deus, possuir a Deus ou fruir a Deus.

Em razão da graça do Espírito Santo se estabelece profunda relação esponsal porque ao possuir a Deus, Ele nos possui. Logo, essa relação de mútua pertença significa principal e incomparavelmente amar e ser amado como uma esposa amada por seu esposo. Por conseguinte, essa expressão

---

[58] Ibid.
[59] Ibid.
[60] Ibid.
[61] Ibid. n. 4, p. 379.

de amor se dá através da graça da adoção filial com direito a herança eterna[62].

Recorda e resalva mais uma vez o doutor franciscano que não se trata de mero hábito conatural ou natural na alma, mas é um dom infudido gratuitamente, resultado da suma dignação e condescendência divina, nos unindo a Deus de modo indissolúvel e quase matrimonialmente pelos laços do amor e da graça[63].

O Espírito Santo é dom que vivifica, reforma e consolida a alma humana; e a eleva, a assimila e a une com Deus, tornando-a aceitável[64]. Com efeito, mediante esse Espírito derramado em nossos corações como nos diz s. Paulo nos é dada a graça "gratum faciens" ou graça gratificante que nos faz gratos diante de Deus[65]. Essa graça gratificante faz da alma "templo de Deus", "esposa de Cristo" e "filha do Pai eterno"[66].

Continuando a sua reflexão sobre os efeitos da graça no ser humano, o doutor franciscano afirma que através dessa graça, nossa mente deve se conformar a Trindade segundo a retitude da eleição[67]. O doutor franciscano declara que alma:

"... se conforma à beatíssima Trindade, segundo o vigor da virtude, pelo esplendor da verdade e pelo fevor da caridade; o vigor da virtude purifica, consolida e eleva a alma; o esplendor da verdade a ilumina, a reforma e a assemelha a Deus; e o fevor da caridade a aperfeiçoa, a

[62] Ibid. n. 5, p. 379.
[63] Ibid. n. 5, p. 381.
[64] Ibid.
[65] Ibid.
[66] Ibid.
[67] Ibid. n. 3.

vivifica e a une a Deus e com tudo isto o homem chega a ser aceitável a Deus"[68].

A graça é segundo Deus e em ordem a Deus; tem por fim a Deus porque todas as coisas procedem Dele e para Ele retornam, qual "circulo inteligivel"[69]. A graça reordena o ser humano ao seu verdadeiro fim. O Espírito Santo tem a missão de reconduzir a alma do justo a Deus. O fim último do ser humano, peregrino neste mundo, é retornar à sua origem que é Deus, o Pai. Segundo o doutor seráfico, o Espírito Santo nos reduz ao Filho e o Filho ao Pai[70].

A graça em sentido especial se chama a ajuda concedida por Deus a fim de que o homem se disponha para receber o dom do Espírito Santo com o qual há de chegar ao estado de merecer, e esta se denomina graça gratuitamente dada[71]. Nela se encontra a suficiência necessária para nos dispor à salvação[72].

A graça do Espírito Santo supõe a liberdade ou o livre arbítrio de cada pessoa[73]. A graça gratuitamente dada se refere à ação do Espírito Santo que concede a pessoa de cada fiel os seus dons, virtudes e carismas em vista da edificação da Igreja. Não há graça a não ser em cooperação com o livre arbítrio. Esta aperfeiçoa e finaliza nossa relação vital com Deus. Neste sentido, o Espírito Santo age nos ajudando a crescer em mérito e dignidade.

Além do mais, a graça é remédio suficiente contra o pecado, afirma são Boaventura. Com efeito, em sua liberdade, o homem necessita da graça

---

[68] Brev. p. 5 c. 1 n. 6, p. 381.
[69] Brev. p. 5 c. 1 n. 6, p. 381.
[70] De San. Math. Ap., sermo 1, p. 514 b.
[71] Brev. p. 5 c. 2 n. 2, p. 381 e 383.
[72] Ibid. 383.
[73] Ibid. n. 4 e 5, p. 385.

visto que pode cair novamente no pecado de modo que sem ajuda da graça não poderá mais se levantar. Contudo, este remédio não é dado sem consetimento do ser humano. Por conseguinte, o doutor seráfico enumera quatro elementos necessários à justificação do pecador: a infusão da graça, a expulsão da culpa, a contrição e o movimento do livre arbítrio. A culpa é expelida pelo dom de Deus, não pelo livre arbítrio, embora suponha a sua livre participação. A graça afasta o livre arbítrio do mal e o move ao bem. Segundo o doutor franciscano, cabe então ao livre arbítrio consentir ou discordar. Uma vez recebendo a graça conscientemente, o ser humano é chamado a cooperar para alcançar a salvação eterna[74].

O pecado ofende a Deus, deforma o livre arbítrio, destrói o dom gratuito e nos vincula ao suplício eterno[75]. Ao deformar a imagem de Deus em nós e destruir a vida da graça causa consequentente aniquilação do ser moral e da vida gratuita[76].

O Verbo eterno do Pai, Jesus Cristo, sendo mediador entre Deus e os homens[77], princípio não é somente criador, mas também recriador[78]. Este Cristo refaz e recria, restaurando o ser humano pela infusão do hábito da graça, fazendo de nós os seus membros. Outrora, a alma pecadora era inimiga de Deus, tugúrio do diabo e escrava do pecado e agora se torna esposa de Cristo, templo do Espírito Santo e filha do Pai eterno. Essa infusão do dom da graça é então dada de modo gratuito e condescendente[79].

Essa graça não violenta o livre arbítrio, mas ao contrário, supõe sempre o livre consentimento do homem. Por sua vez, essa expulsão da culpa pela graça gera em nós "contrição", isto é, detestação de todos os

---

[74] Brev. p. 5 c. 3 n. 1, p. 387.
[75] Ibid. n. 2, p. 387.
[76] Ibid.
[77] 1 Tim 2, 5
[78] Ibid. n. 2, p. 380.
[79] Ibid. n. 3, p. 389.

pecados. Para que isto aconteça é preciso que haja complacência e aceitação do dom divino pela moção do livre arbítrio[80].

Com efeito, para que o livre arbítrio se disponha para a graça que nos faz gratos necessita da ajuda da graça gratuitamente dada (gratis datae)[81]. Deste modo, se opera a justificação, considerando harmoniosamente e ordenadamente a graça e a ação do livre arbítrio. A função da graça não é violentar o livre arbítrio, mas preveni-lo[82]. Neste sentido, a graça lhe acompanha de modo a impedir que algum mal ou dano lhe aconteça. Ela nos faz gratos, possibilitando ao homem cooperar para que haja mérito. Caso contrário, haverá demérito. Cooperando até o fim merecerá alcançar a salvação eterna[83].

Essa graça que nos faz gratuitamente gratos habilita nossa liberdade para que possamos cumprir a lei divina, fazer a vontade de Deus e assim pela prática de obras meritórias possamos alcançar a felicidade eterna. Isto procede da ação do livre arbítrio, mas também e principalmente é obra da graça. Afirma o doutor franciscano, citando a santo Agostinho, que

"Ele (Cristo) que te criou sem ti, não te justificará sem ti". "A graça está para o livre arbítrio assim como o cavaleiro para o cavalo"[84].

Essa graça do Espírito Santo não acontece de modo uniforme, mas plural sempre acompanhando e capacitando as faculdades humanas. Na ação dessa graça há sempre unidade e pluralidade conforme a unidade e a pluralidade das operações da natureza humana. Deste modo, uma só é a graça que se ramifica em diferentes hábitos de virtudes, pensa o doutor franciscano. A graça atua em nossas faculdades naturais de modo a se

---

[80] Ibid. n. 4, p. 389.
[81] Ibid. n. 5, p. 389.
[82] Ibid.
[83] Ibid. p. 391.
[84] Cf. Ibid. n. 6, p. 391.

ramificar em hábitos de virtudes. Em seguida, em hábitos de dons e, por fim, em hábitos de bem-aventuranças[85]. Segundo a terminologia de são Boaventura "hábito gratuito" (habitus gratuitus) é um dom criado pelo Espírito Santo, uma disposição interior e sobrenatural na alma. A graça é origem, fim e forma de todos os hábitos virtuosos[86].

O propósito da graça é uma só: gratificar e santificar a alma. Essa graça se ramifica através das virtudes que tem a função de reger a vida humana[87]. Elas são sete: três são teologais: a fé, a caridade e a esperança. E quatro, cardeais: a prudência, a temperança, a fortaleza e a justiça[88]. Estas sete virtudes se distinguem entre si e são dotadas de prerrogativas, porém há mútua conexão e igualdade entre si no mesmo sujeito[89]. São gratuitas porque informadas pela graça. Tal informação segundo linguagem teológica de são Boaventura significa dotar de perfeição. Neste sentido, a graça intimamente unida à caridade confere perfeição à ação das virtudes. Podem perder consequentemente essa informação por causa do pecado, com excessão da caridade, mas podem voltar novamente a ser informadas pela penitência com a recuperação da graça.

A graça acompanha a ação criadora do Verbo eterno e incriado. Enquanto o Princípio criador dá vida à natureza, dando-lhe o poder enquanto ato primeiro, de viver e ato segundo, de agir, de modo semelhante o Princípio reparador comunica à alma a vida que corresponde segundo o ser e agir da graça. Enquanto o ser vivo tem muitas operações vitais para a perfeita manifestação de sua única vida primeira com atos que se diversificam segundo o objeto e atos diversos que exigem hábitos, de modo

---

[85] Ibid. c. 4 n. 1, p. 391-393.
[86] Ibid. n. 2, p. 393.
[87] Ibid. n. 2, p. 393.
[88] Ibid.
[89] Ibid.

análogo, necessariamente, em uma só graça deve se ramificar de diferentes hábitos, causando várias operações[90].

Logo, a semelhança da vida natural, em virtude da ação criadora divina, segue a vida segundo a graça, conforme ação redentora de Cristo e santificadora do Espírito Santo. Em outras palavras, a diversidade e a unidade da ação criadora segue a diversidade e unidade da ação recriadora da Trindade. Na missão divina ad extra, à ação santificadora ou recriadora da criatura racional segue àquela criadora da existência e do ser natural.

Nestes hábitos da graça, há disposição ordenada que santifica a alma. Neste sentido, no processo de santificação, há hábitos que são primeiros, meio e fim. Nos primeiros, isto é, nos hábitos da virtude, a alma é retificada dos vícios; nos segundos, nos hábitos de dons, lhe torna ágil; e nos terceiros, nos hábitos das bem-aventuranças, lhe aperfeiçoa[91].

Pensa são Boaventura que à ação da graça segue uma ordem e graduação de modo a conduzir a alma do ser humano à meta da perfeição evangélica, preparando-a para o encontro e união com o seu esposo, Cristo. Com efeito, para que haja crescimento na vida espiritual é necessário ordem e graduação segundo a graça. Essa graduação é ternária, e nos recorda sempre a presença e ação das três pessoas divinas.

O doutor franciscano compreende o ser humano constituído de duas partes: uma superior que reflete sua dimensão espiritual ou sobrenatural; outra inferior, que constitui sua dimensão sensitiva e natural. O papel das virtudes consiste em retificar essas duas partes. Enquanto as virtudes cardeais orientam a parte inferior da alma para os bens criados, as virtudes

---

[90] Ibid. n. 3, p. 393.
[91] Ibid.

teologais orientam a sua parte superior para o fim último, o Bem incriado. Essa classificação das virtudes tem sua origem na filosofia platônica[92].

Segundo o doutor seráfico, a parte superior da alma deve ser retificada pelas virtudes teologais. Assim como na imagem criada consiste na trindade de potências com unidade de essência, por sua vez, na imagem da recriação, se manifesta na trindade dos hábitos gratuitos com unidade da graça. Os hábitos das três virtudes teologais tem a função de retificar a parte superior da alma, conduzindo-a retamente à suma Trindade segundo as tres apropriações que correspondem às três pessoas divinas. Neste sentido, atua em nós a graça segundo as virtudes teologais: a fé nos encaminha, crendo e assentindo ao sumamente verdadeiro; a esperança nos dirige, apoiando-nos e esperando ao sumamente árduo; a caridade, desejando e amando nos dirige ao sumamente bom[93].

Por sua vez, a parte inferior da alma deve ser retificada pelas quarto virtudes cardeais. Estas têm a função de regular as relações do homem com as criaturas, seja consigo mesmo ou com os seus semelhantes. Estas virtudes afetam as três faculdades da alma: a razão, o apetite concupiscível e o irascível. A prudencia retifica a parte racional; a fortaleza, o apetite irascível; a temperança, o apetite concupiscível e a justiça retifica todas estas faculdades em relação ao outro[94].

Segundo o doutor franciscano, a retitude das virtudes segundo o "ser gratuito" procedem de sua origem e raiz, ou seja, da graça, enquanto o "ser meritório" se relaciona com a caridade como sua origem, forma e fim. As virtudes se conectam entre si porque são hábitos. Por conseguinte, são

---

[92] Para análise sintética da doutrina das virtudes em são Boaventura confira em: REZETTE, Jean-Pierre. Nota de rodapé n. 2: Classificação das virtudes, in, BONAVENTURE, *Breviloquium*, t. 5, La Gracc Du Saint Esprit, Paris: editions franciscaines, p. 137-141.

[93] Ibid. n. 4, p. 395.

[94] Ibid. n. 5, p. 395.

também iguais porque produzem atos meritórios. A caridade tem papel fundamental na efetivação das virtudes. Segundo o doutor franicscano, a caridade é forma das virtudes. E em outro lugar, declara: *"a caridade é a mãe e a consumação de todas as virtudes"*[95]. Quando as virtudes estão sem a graça e a caridade, que é a vida das virtudes, são informes e mortas. Contudo, quando acompanhadas da graça se formam e se embelezam ou se iluminam e se fazem aceitáveis a Deus[96]. Segundo o doutor franciscano, a caridade, dom do Cristo e do Espírito Santo estão intimamente unidas, operam em conjunto e muitas vezes se confundem.

Um segundo grupo de hábitos conforme o universo da graça "gratis data" se denomina "hábitos de dons". Em sentido geral, são chamados de "dons de Deus" porque correspondem a todos os hábitos por Deus infundidos[97]. E em sentido especial e apropriado, são os "sete dons do Espírito Santo", segundo a nomeação e enumeração feita pelo profeta Isaias ao falar da flor que brotou da raiz de Jessé, quer dizer, de Cristo[98]. Segundo o santo doutor estes sete dons em sua ordem começam pelo mais excelente, isto é, a sabedoria e entendimento, de cima para baixo, formando pares, em combinação, para demonstrar ao mesmo tempo a conexão, a origem e a ordem dos dons[99].

Já que os hábitos de virtudes retifica os vícios, os hábitos dos sete dons tem a função de tornar a alma ágil ou expedita[100]. Estes dons trabalham contra as sequelas deixadas pelos vícios curados, que consequentemente causaram debilidade ou enfraquecimento no ser humano. Há necessidade então dos hábitos de dons contra os obstáculos

---

[95] Ibid. c. 5 n. 5, p. 399.
[96] Ibid., n. 6, p. 395.
[97] Ibid. c. 5 n. 1, p. 397.
[98] Ibid. Is. 2, 2-3.
[99] Ibid.
[100] Ibid. n. 2, p. 397.

deste sintoma[101]. Logo, a nossa alma tem necessidade dessa agilidade em sete modos, daí porque foi dado os sete dons do Espírito Santo.

"Pois, a alma tem necessidade contra as torções dos vícios já em relação com as faculdades naturais, já em ordem às virtudes acrescentadas, tanto no padecer como no agir e no contemplar, e em ambos exercícios, a saber: na ação e contemplação"[102].

Segundo o doutor seráfico, são sete os efeitos da graça dos sete dons do Espírito Santo que agilizam a alma contra as torções deixadas pelos vícios: o temor contra a soberba; a piedade contra a inveja; a ciência contra a ira; a fortaleza contra a acedia ou preguiça; o conselho contra avareza; o entendimento contra a gula e sabedoria contra a luxuria[103].

Igualmente é dado os sete dons para agilizar as faculdades naturais. Isto em relação aos aspectos humanos do apetite irascível, apetite concupiscível e racional[104]. Também para facilitar a função das sete virtudes devem acompanhar os sete dons do Espírito Santo[105]; nos preparam para o sofrimento em conformidade com Cristo[106]; para agilizar o nosso agir[107]; para nos tornar agéis no contemplar[108] e, por fim, para facilitar a ação e a contemplação[109].

A terceira ramificação da graça corresponde aos hábitos gratuitos das bem-aventuranças. Conforme o sermão da montanha proferido pelo Salvador segundo o evangelho de Mateus[110]. Os hábitos gratuitos dessas

---

[101] Ibid.
[102] Ibid. c. 5 n. 2, p. 397-399.
[103] Ibid. n. 3, p. 399.
[104] Ibid. n. 4, p. 399.
[105] Ibid.
[106] Ibid. n. 6, p. 399-401.
[107] Ibid. n. 7, p. 401.
[108] Ibid. n. 8.
[109] Ibid. n. 9, p. 401-403.
[110] Ibid. c. 6 n. 1, p. 403. Cf. Mt 5, 3 ss.

bem-aventuranças tem a função de aperfeiçoar ou plenificar, seguindo as doze fruições ou frutos do Espírito Santo e as cinco sensações ou sentidos espirituais[111]. Trata-se do estado final das deleitações e uso das especulações espirituais com os quais é saciado e consolado o espírito dos homens justos[112].

A comunicação da graça tem fundamento cristológico. Cristo, Princípio reparador é perfeitissimo. Ele repara e reforma perfeitamente pelo dom gratuito. Dele procede o dom da graça que se ramifica liberal e abundantemente até chegar aos hábitos de perfeição[113].

De que modo as bem-aventuranças nos conduzem a perfeição? De modo tríplice. Primeiro, estas aproximam ou conduzem ao fim onde há suficiência, número e ordem derivado da integridade da perfeição; em segundo, conforme os modos de perfeição; e em terceiro, conforme às disposições para a perfeição[114].

Para que haja integridade da perfeição, se exige o afastamento do mal; um aproveitamento perfeito do bem ou antecipação no bem e um perfeito repouso no sumo bem. Deste modo, a pobreza de espírito nos afasta da inchação da soberba; a mansidão, do mal do rancor da malícia; e o pranto, do mal da luxúria ou da enfermidade da concupiscência. Para que haja antecipação no bem, o qual se mede pelos graus da imitação divina, há duas bem-aventuranças: a fome e a sede de justiça e o sentimento de misericórdia. E para que haja repouso que coincide com o ótimo e sumo bem se verifica por um conhecimento limpo e puro ou pelo afeto tranquilo e definitivo. Neste sentido, corresponde a pureza de coração para ver a Deus e a paz da mente para gozar de Deus com perfeição.

---

[111] Ibid.
[112] Ibid.
[113] Ibid. c. 6 n. 2, p. 403.
[114] Ibid. n. 2, p. 403.

Em segundo lugar, o doutor seráfico explana sobre os modos de perfeição segundo os hábitos das bem-aventuranças. Por sua vez, os modos de perfeição compreendem aos sete hábitos das bem-aventuranças. Pois, existe a perfeição segundo o estado ou a ordem da religião (ou seja, o estado dos membros das ordens religiosas ou consagradas), da prelazia (estado dos membros do clero) e da santidade interior (estado comum a todo cristão)[115].

Para que haja perfeição da religião se exige a renúncia dos bens privados, a aceitação do bem fraterno, que se deve cultivar e afeição aos bens eternos. Continuando a sua explanação, declara o doutor franciscano que para alcançar o propósito dessa perfeição, deve haver pobreza em espírito, e em segundo, a mansidão ou benignidade de afeto, e em terceiro, a amargura do pranto (ou seja, passar pelo caminho da cruz ou do sofrimento).

Em relação ao estado de prelazia, que corresponde à função dos clérigos, para se alcançar a perfeição se exige duas coisas: zelo de justiça e sentimento de misericórdia. Os clérigos mediadores e pastores do povo devem promover a justiça e agir com misericórdia. Acrescenta ainda o doutor seráfico que estas exigências devem ordenar na Igreja este regime de prelazia[116].

E, por fim, a perfeição da santidade interior se dá por necessidade. Então, deve haver da parte dos fiéis, a pureza de consciência e a tranquilidade total de alma pela paz de Deus, que excede toda sensação humana[117]. Tal é o fim da graça das bem-aventuranças.

---

115 Ibid. n. 4, p. 405.
116 Ibid.
117 Ibid.

Para a vivência da perfeição das bem-aventuranças, há sete "disposições", que correspondem aos sete dons do Espírito Santo[118]. Em sua originalidade, o doutor franciscano combina as bem-aventuranças com os sete dons do Espírito Santo[119]. O temor acentua cria em nós a disposição prévia para a pobreza em espírito. Por sua vez, esta é o fundamento de toda perfeição evangélica. Essa disposição nos afasta de toda origem ou raiz do pecado que está na soberba e na cobiça. Então, para se chegar ao cume da perfeição, é preciso se dispor ao fundamento de toda perfeição evangélica. Segundo o evangelho de são Mateus, esta pobreza perfeita nada em absoluto se reserva para si[120]. E quando se diz: "e segue-me", se refere à humildade pela qual o homem negando-se a si mesmo, toma a sua cruz e segue a Cristo, que segundo o doutor franciscano:

"é o fundamento principal de toda perfeição"[121].

Em seguida fala de outros dons que dispõem a alma ou discípula de Cristo às bem-aventuranças, ou seja, a piedade à mansidão; a ciência ao pranto; a fortaleza nos dispõe a fome de justiça; o conselho nos dispõe à misericórdia; o entendimento nos prepara a pureza de coração e a sabedoria nos dispõe a paz. Alcançar esta paz nos leva necessariamente ao deleite espiritual transbordante que se expressa nas doze fruições ou frutos do Espírito Santo. Este número bíblico doze é simbólico e significa

[118] Brev. p. 5 c. 6 n. 5, p. 405-407.

[119] Enquanto os Padres da Igreja (santo Ambrosio, são João Crisóstomo, são Gregório de Nissa, são Leão Magno, são Gregório de Nissa) e são Bernardo interpretam somente de modo literal o significado evangélico das bem-aventuranças, o doutor franciscano por sua vez faz interpretação mística, vinculando-as aos sete dons do Espírito Santo. *Beatitudines*, in, BOUGEROL, Jacques-Guy. *Lexique Saint Bonaventure. Paris: éditions franciscaines,* 1969, p. 25.

[120] *"Se queres se perfeito, vê e vende tudo o que tens e segue-me".* Mt. 20, 21; cf. também Mt 16, 24. Ibid. nota de rodapé n. 5, p. 404.

[121] Ibid. c. 6 n. 5, p. 407.

abundância, isto é, infusão exuberante de carismas espirituais com a qual se deleita e goza a alma santa[122].

São sete os frutos do Espírito Santo:

"caridade, gozo, paz, paciência, longanimidade, bondade, benignidade, mansidão, fé, modestia, continência e castidade"[123].

Estes são os frutos das delícias ou deleições que procedem das obras perfeitas. Os sentidos espirituais ou sensações são certas percepções mentais em relação à verdade que se contempla[124].

Segundo o doutor franciscano, a alma peregrina (in via) é chamada a conhecer a Deus em virtude da contemplação. Por conseguinte, o fim dessa contemplação é alcançar a verdadeira sabedoria que, por sua vez, nos leva a fruir a paz e o descanso divino. Tal conhecimento sapiencial ou experiencial de Deus passa pelo conhecimento sensitivo, racional ou especulativo e afetivo ou volitivo. Com efeito, todo esse processo de conhecimento da parte da alma é dom da graça. Em última análise, essa sabedoria, dom do Espírito Santo, dado a nós em virtude do sacrifício da cruz, conduz à alma a união com o seu Esposo Cristo.

Como se alcança o conhecimento de Cristo na contemplação? Na alma dos justos se dá através de processo gradual que tem lugar e forma na especulação[125]. Esta começa pelo sentido e chega à imaginação; da imaginação passa à razão, da razão ao entendimento, do entendimento à inteligência e da inteligência à sabedoria ou conhecimento extático ou excessivo[126]. Este conhecimento começa já aqui na terra e se consuma na

---

122 Ibid. n. 5, p. 407.
123 Gl 5, 22 ss.cf. Ibid. c. 6 n. 6, p. 409.
124 Ibid.
125 Ibid. c. 6 n. 6, p. 409.
126 Ibid.

glória eterna[127]. Em sua explanação simbólica, fala o doutor seráfico que estes graus constituem a escada de Jacó, que nos conduz ao trono de Salomão, onde se encontra o rei sapientíssimo, verdadeiramente pacifico e amoroso, isto é, o esposo cheio de beleza e totalmente desejável[128].

Com efeito, para que se possa conhecer e experimentar ao Esposo é necessário que haja desejo da parte da alma santa, desejo fervorosíssimo pelo qual nosso espírito não somente se torna ágil para subir como o fogo, mas é também arrebatado sobre si mesmo em "docta ignorância" à obscuridade mística caliginosa ou sombria e, finalmente, ao extase[129]. Somos então chamados a conhecer a Cristo em meio a essa escuridão luminosa nos deixando conduzir pela graça divina. No entanto, esta graça não se recebe se não for exercitada e desenvolvida[130].

Em suma, a ação da graça do Espírito Santo pautada na infusão de hábitos gratuitos, especialmente das bem-aventuranças, nos apefeiçoa e, por conseguinte, nos faz aptos ou habilitados à contemplação e para os olhares e abraços recíprocos na relação entre Esposo e esposa, que se verifica segundo as sensações ou sentidos espirituais[131].

Através destas sensações, a alma recriada pela graça enxerga a Cristo em razão de sua suprema beleza; escuta e ouve sua soberana harmonia pela razão do Verbo; saboreia e degusta sua doçura superior pela razão da sabedoria que compreende aos conceitos, isto é, Esplendor e Verbo; se cheira e aspira à suma fragrância do mesmo em razão do Verbo inspirado no coração; se aproxima e abraça sua divina suavidade pela razão do Verbo encarnado, que habita corporalmente entre nós, nos oferecendo a

---

[127] Ibid.
[128] Ibid. n. 7.
[129] Ibid.
[130] Ibid.
[131] Brev. p. 5 c. 6 n. 5, p. 407.

possibilidade de tocá-lo, beijá-lo e abraçá-lo em virtude da ardente caridade que por extase e raptos conduz nossa mente deste mundo para o Pai.

Em outras palavras, esse encontro pessoal se dá através da razão e do afeto, envolvendo toda corporeidade humana, conduzindo a alma em intimidade com Cristo a contemplar o mistério do Verbo incriado, inspirado e encarnado, tanto na perfeição da vida ativa como na vida contemplativa que constituem as duas operações fundamentais da existência humana.

Acrescenta também o doutor franciscano que enquanto os hábitos de virtude nos dispõem principalmente para o exercício da vida ativa, os hábitos dos dons para o descanso da vida contemplativa e os hábitos das bem-aventuranças para a perfeição de ambas as vidas.

3.2. Relação esponsal segundo alguns escritos místicos

São Boaventura trata dessa questão especialmente em vários obras e sermões e homilias, especialmente em seus escritos místicos, como por exemplo, no escrito *"Tríplice Via", "Vida perfeita para as religiosas", sermão "a Virgem e Mártir Santa Inês"*. E também no quarto capítulo de sua obra *"Itinerário da mente para Deus"*. Os livros bíblicos que inspiram e fundamentam essa relação esponsal são "Oséias", e, principalmente, o "Cântico dos Cânticos", no Antigo Testamento, e o livro do "Apocalipse", no Novo Testamento.

Portanto, considerando a exposição desses opúsculos místicos, como se apresenta essa relação conjugal entre o Esposo, Cristo e a esposa, a alma fiel, segundo são Boaventura? Qual o significado teológico, espiritual, místico e eclesial dessa relação?

Em sua obra *"Tríplice Via ou Incêndio de Amor"*, o doutor franciscano a luz da sagrada Escritura reflete sobre os exercícios espirituais pelos quais a alma humana deve trilhar para poder alcançar a meta tríplice da paz, da verdade e da caridade[132]. Com efeito, o ato da purificação nos leva à paz; a iluminação à verdade e a perfeição nos conduz à caridade. Segundo o doutor franciscano, os exercícios e aplicação sacramental dessa trilogia bíblica leva a alma à meta da bem-aventurança e ao acréscimo de méritos[133]. Com efeito, todo discípulo, em relação amorosa e esponsal com Cristo, é chamado a alcançar pelos graus de perfeição a meta da bem-aventurança.

Entretanto, estas três vias somente serão alcançadas através da meditação juntamente com a oração e a contemplação. Por sua vez, cada via ou caminho ou ainda modo de exercício espiritual apresenta três exercícios. Com efeito, os exercícios da primeira via têm início no aquilhão da consciência (diante de Deus o homem deve se examinar e se acusar intensa e profundamente e se converter), depois, continua ou se prolonga pelo raio na inteligência, e por último, chega à chama da sabedoria, concentrando-a, inflamando-a e levantando-a[134]. Pensa são Boaventura que esse processo que se desenrola de modo doloroso alcança o seu fim na experiência da alegria espiritual. Acrescenta o doutor franciscano que essas vias:

"se exercita na dor, porém se consuma no amor"[135].

Na segunda via se concede ao ser humano perdoado o raio da inteligência, momento que lhe é concedido abundantemente os bens

[132] Trip. v. pro. n. 1, in: BUENAVENTURA. *Obras de San Buenaventura*, t. IV. Madrid: BAC, p. 115.
[133] Ibid.
[134] Ibid. c. 2 par. 5 n. 12, p. 141.
[135] Ibid. p. 117.

espirituais, ou seja, o homem recebe o auxílio da graça. Segundo o doutor franciscano, essa graça é a tríplice graça batismal, penitencial e sacerdotal[136]. Por conseguinte, Deus colocou as criaturas ao serviço do homem, os iguais para o mérito e os superiores para a proteção. Tal atitude providencial de Deus é demonstração dos inúmeros benefícios que são dados ao ser humano. Além do mais, o próprio Filho nos foi dado como irmão e amigo na encarnação, como preço na redenção e manjar na consagração. E, em terceiro lugar, pontua B. nos é dado o Espírito Santo como sinal de aceitação, privilégio de adoção e como anel de união nupcial[137]. A alma se torna amiga de Cristo, filha do Pai eterno e esposa de Cristo[138]. Portanto, Cristo é a meta por excelência, a quem devemos nos dirigir com todo desejo, afeto e benevolência[139].

A terceira explana o doutor franciscano no parágrafo três (3) é a via unitiva[140]. Nesta via, a alma é chamada a inflamar-se de amor divino para dirigir-se com toda afeição ao amor do Esposo. Considera são Boaventura que o amor coroa todas as necessidades do coração humano; é o amor que produz nos bem-aventurados abundância de todos os bens. E em terceiro, é o amor que faz presente aquele que é o sumamente desejável.

Declara o doutor franciscano que através do exercício dessas três vias pela meditação se chega à sabedoria da sagrada Escritura[141]. Além da leitura e meditação, a alma alcança a verdadeira sabedoria também pela oração[142]. Na oração, a alma faz a deploração de sua própria miséria em

---

[136] Ibid. par. 2 n. 12, p. 125.
[137] Ibid. par. 2 n. 13, p. 125.
[138] Ibid.
[139] Ibid. n. 14, p. 127.
[140] Ibid. par. 3 n. 15, p. 127.
[141] Ibid. par. 4 n. 18, p. 129.
[142] Ibid. c. 2 n. 1, p. 131.

razão do dano causado por causa do pecado; depois, implora a misericórdia e por fim faz a tributação de latria ou culto a Deus[143].

Em outras palavras, para se chegar ao amor de Deus, a alma se reconhece pecadora, recorre a misericódia divina e, por último, alcança a caridade perfeita. Todo esse processo resulta da oração que por sua vez é fruto ou efeito da graça. Por conseguinte, é o Espírito Santo que pede por nós com gemidos inexplicáveis, afirma são Boaventura, citando são Paulo[144]. É Ele quem nos acompanha na oração, suscitando em nós sobreabundante desejo. Em seguida, a alma se dirige confiante a esperança em Cristo crucificado e, por fim, recorre com eficácia protetora à intercessão de todos os santos[145].

Em virtude da misericórdia divina, e mediante o sacrifício de Cristo na cruz, pelo Espírito Santo renascemos espiritualmente no batismo e somos congregados em relação recíproca na Igreja[146]. No momento do devido culto a Deus pela graça somos elevados em ordem à complacência e a familiaridade mútua que é próprio da relação esposo e esposa[147]. Nesta comunicação íntima através da oração é dada a alma de modo maravilhosa alegria e júbilo até conduzi-la ao excesso mental ou cume da contemplação ou conhecimento amoroso e sapiencial de Deus. Neste momento nossa oração chega ao fim[148]. Nesta hora suma, a alma contempla a Deus em sua Trindade como amor ou caridade. Por conseguinte, através da contemplação do perfeito amor de Deus, chegamos ao perfeito amor ao próximo[149].

---

[143] Ibid.
[144] Rom 8, 26; Ibid. c. 2 par. 2, p. 133.
[145] Ibid. par. 5 n. 12, p. 141.
[146] Ibi. n. 3, p. 133.
[147] Ibid.
[148] Ibid.
[149] Ibid. c. 2 par. 3 n. 8, p. 137.

São Boaventura pensa num processo gradual de crescimento espiritual no conhecimento do amor de Deus. Cada um de nós ao passar por esta etapa unitiva vai amadurendo até chegar ao momento da paz última[150].

Há seis graus pelos quais pouco a pouco e ordenadamente se chega à perfeição do amor. O primeiro grau é a doçura, momento em que a alma aprende a soborear quão suave é o Senhor; o segundo é a avidez, isto é, a alma cheia de apetite, não se satisfaz enquanto não possuir perfeitamente àquele a quem ama. Declara o doutor franciscano, que não conseguindo alcançar a plenitude definitiva nesta vida, a alma está continuamente em excessos, isto é, saindo de si mesma pelo amor extático ou extase. O terceiro grau é a fartura. A alma se sente farta e cansada diante de tudo o que está fora da relação com o Amado. Neste sentido, a mesma percebe que as coisas deste mundo não lhe sacia, mas lhe traz repugnância. O quarto grau é a "embriaguez". Há na alma amor tão grande a Deus de modo a sentir fastio e nauseas dos consolos e prazeres terrenos, encontrando, em vez disso, prazeres em meio aos sofrimentos por causa da fidelidade a esse amor. Logo, por àquele a quem ama suporta tormentos e opróbrios. O quinto grau é o da "segurança". A alma experimenta um forte amor a Deus de modo a se sentir capaz de enfrentar com grande esperança as adversidades, graças ao auxilio divino, podendo suportar qualquer prejuízo ou afronta.

Finalmente, no sexto e último grau, a alma experimenta uma verdadeira e perfeita tranquilidade porque experimenta muita paz e repouso. A mesma se encontra num estágio de amor como que refugiada e protegida na "arca de Noé"[151]. Portanto, a alma chega à meta ou ao fim de seu itinerário de crecimento ou amadurecimento no verdadeiro amor. Ela se

---

[150] Ibid. c. 2 par. 4 n. 9, p. 137-141.
[151] Ibid. n. 11, p. 139.

encontra cheia de paz que consiste no estado último ou na meta tranquila enquanto possível nesta vida[152]. Reforça ainda o doutor seráfico que não se pode chegar a essa tranquilidade a não ser pelo amor[153].

Continuando a meditação teológica sobre as três vias, declara ainda são Boaventura que a alma em sua relação esponsal com Cristo deve alcançar pela contemplação a verdadeira sabedoria[154].

Afirma o doutor franciscano que mediante a contemplação:

"se translada nossa alma à celestial Jerusalém, cuja semelhança a Igreja está formada"[155].

É necesario, pois, que a Igreja militante se conforme o quanto possível a Igreja triunfante e o fiel peregrino se assemelhem aos bem-aventurados no céu. Deste modo, os méritos dos peregrinos devem caminhar juntamente com os prêmios dos bem-aventurados. Logo, os efeitos ou frutos desses exercícios espirituais resultam na experiência mística e escatológica dos discípulos de Cristo na medida do possível na terra. A glória ou a visão beatífica de algum modo se antecipam no tempo. Trata-se da possibilidade de se alcançar o prêmio em perfeição que consiste em três coisas: na possessão eterna da paz suma, na visão manifesta da suma verdade e na fruição plena da suma bondade ou caridade[156].

Como se chegar então ainda na terra a este estado de perfeição e glória?

O peregrino deve obter em conformidade com os três dons já mencionados, mais outros três: o sono profundo ou torpor da paz, o

---

152 Ibid.
153 Ibid.
154 Ibid. c. 3 pream. n. 1, p. 143.
155 Ibid.
156 Ibid.

esplendor da verdade e a doçura da caridade. Realizando isto o próprio Deus descansa e mora em nós como em seu próprio trono[157].

Deste modo, é necessário subir ou se elevar gradualmente segundo os três graus acima citados, seguindo o exercício das três vias: purificativa que consiste na expulsão do pecado, iluminativa que consiste na imitação de Cristo e a unitiva que consiste na recepção do Esposo[158]. São três graus que se inicia do mais baixo até chegar ao mais alto[159].

Continua o doutor seráfico, explanando sobre os sete graus para se alcançar o dom da paz[160]. Para se chegar ao "torpor" ou sonolência da paz é preciso subir passando por sete graus. O primeiro é o "rubor", momento em que a alma fiel se recorda e se ruboriza (envergonha) do pecado; o "temor", consideração das cirscunstâncias do juízo; a "dor", ponderação do dano ou prejuízo; o "clamor", na imploração ou implicação da ajuda do Pai, de Cristo Redentor, da Virgem Maria e da Igreja triunfante. O "rigor na extinção das fomes"; o "ardor do desejo do matírio". E, por fim, útimo e sétimo grau "sonolência" ou torpor na sombra protetora de Cristo.

Por conseguinte, para se chegar ao esplendor da verdade é necessário subir também sete graus pelos quais alcançamos a imitação de Cristo em sua Paixão: o assentimento da razão, o afeto de compaixão, o olhar de admiração, o excesso de devoção, a veste de assimilação, o abraço da cruz e a contemplação da verdade[161]. Deste modo, somos chamados a contemplar e assimilar a pessoa do crucificado e o significado salvífico do sacrifício da cruz pelo qual se manifesta a verdade de Deus, do homem e de todas as coisas. Porque segundo são Boaventura:

---

[157] Ibid.
[158] Ibid.
[159] Ibid.
[160] Ibid. c. 3 par. 2 n. 2, p. 145.
[161] Ibid. par. 3 n. 3, p. 147.

"A cruz é a chave, porta, caminho e esplendor da verdade"[162].

Na terceira etapa e últimos sete graus, a alma chega à doçura da caridade pela recepção do Espírito Santo[163]. Estes graus são: a vigilacia, que solicita; a confiança, que conforta; o desejo, que inflama; a excedência, que eleva; a complacência, que acalma; a alegria, que deleita e a aderência, que une com estável união[164]. Estes graus ou etapas de elevação à perfeição da caridade ressaltam mais a relação esponsal de amor entre o Esposo, Cristo e a esposa, a alma fiel.

Quais são os requerimentos ou exigências para que alma, esposa de Cristo alcance a plena e perfeita caridade na relação com o seu esposo? Essas exigências correspondem a sete graus pelas quais a alma deve ascender[165]. No primeiro grau, a esposa se põe em atitude de solicita vigilância diante da visita do seu Esposo. Em segundo, essa atitude requer também a confiança que conforta em virtude da visita assegurada do Esposo e em vista da fidelidade da esposa. Em terceiro, requer o desejo inflamado ou incendiado da esposa diante da doçura do Esposo. Em quarto, se requer a excedência que a eleva a sublimidade do Esposo. Em quinto, requer que a complacência a tranquilize pela formosura ou beleza do Esposo. Em sexto, se requer que a alegria a faça deleitar pela plenitude inerente ao amor do Esposo. E, em sétimo e último grau, se requer que a aderência pela fortaleza inerente ao amor do Esposo.

Para se chegar a esta perfeição do amor ou caridade esses graus são alinhados em ordem, porque há começo, meio (graus intermediários) e

---

162 Ibid. n. 5, p. 151.
163 Ibid. par. 4 n. 6, p. 151.
164 Ibid. p. 151-153.
165 Cf. Ibid.

últimos. Estes se correspondem e estão ligados entre si, declara o doutor seráfico[166].

Por sua vez, essa graduação é dinâmica e desenrola progressivamente. A alma em seu crescimento espiritual, almejando alcançar a caridade no encontro com o Esposo, cultiva atitude de consideração que predomina no primeiro grau e, em relação às demais, se ressalta o afeto. O santo doutor reza:

"Deste modo, concluímos que a vigilância considera o quanto é honesto, o quanto é útil e deleitável amar a Deus; por isso, nasce como filha a confiança; a confiança gera o desejo; o desejo, à excedência e assim sucessivamente até chegar aos beijos e abraços e à união consumada, graça que se dignou lhe conceder, etc. Amém"[167].

Diante do encontro com o seu Esposo, a alma deve sempre rezar devotamente, no íntimo de seu coração:

"a ti busco, em ti confio, a ti desejo, a ti me levanto, a ti te recebo, em ti me alegro, e a ti, por último, me adiro e me uno indissoluvelmente"[168].

Em outra obra mística, a *"Vida Perfeita para as Religiosas"*, ao falar para mulheres consagradas de um mosteiro de clarissas em Longchamps na França, cuja abadessa e fundadora é provavelmente santa Isabel, irmã de são Luís, rei da França, o doutor franciscano reflete o tema da relação esponsal da alma santa ou fiel com o seu Esposo Cristo[169].

---

[166] Ibid. p. 153.
[167] Ibid. n. 7, p. 153-155.
[168] Ibid. par. 5 n. 8, p. 155.
[169] Introdução à Vida Perfeita para Religiosas, in, BUENAVENTURA, *Obras de san Buenaventura*, t. IV. Madrid: BAC, 1947, p. 401.

Esta alma deve seguir o caminho da sabedoria que não é simplesmente saber intelectivo, mas abertura à unção do Espírito Santo. A terceira pessoa da ssma. Trindade se encontra na dinâmica dessa relação esponsal. Logo, segundo são Boaventura, essa relação de amor, fundada na graça do batismo tem aspecto não somente cristológico, mas também pneumatológico e, por conseguinte, trinitário. Pela inabitação interior do Espírito Santo, a alma se torna esposa de Cristo e da Trindade.

Em seu itinerário espiritual, a alma deve se exercitar, passando por graus ou etapas até chegar à perfeição da caridade, aprofundando sempre mais sua relação esponsal com Cristo e com a Trindade santa. Segundo o doutor seráfico, a alma deve se exercitar interiormente para poder ser elevada como que através de graus, passando de virtude em virtude[170].

Em seu crescimento interior a alma santa ou fiel é chamada de "serva"[171], "serva de Cristo"[172]; "serva de Deus"[173]; "virgem do Senhor"[174]; "discípula"[175] e especialmente "esposa de Cristo[176]"; "esposa de Deus[177]"; "a amada de Deus"; "virgem casta e fiel"; "esposa de Jesus Cristo, pomba do rei eterno"[178].

Declara o doutor seráfico que a alma por causa do pecado outrora era dissemelhante a Deus e em outro tempo se tornou semelhante a Ele; antes a alma era bela, agora é dissemelhante e feia[179]. Por conseguinte, mediante a graça do Esposo, a alma está selada com a imagem de Deus, ordenada com

[170] Ibid. c. 7 n. 1, p. 467.
[171] Ibid. c. 2, n. 1, 3 p. 417;
[172] Ibid. c. 2 n. 1, p. 417.
[173] Ibid. c. 1 n. 3, p. 413.
[174] Ibid. c. 2 n. 8, p. 425.
[175] Ibid. c. 2 n. 4, p. 421.
[176] Ibid. c. 1 n. 1, p. 411; c. 2 n. 4, p. 421; c. 2 n. 8, p. 425. Ibid. c. 4 n. 4, p. 441.
[177] Ibid. c. 5 n. 3, p. 445.
[178] Ibid. c. 8 n. 2, p. 473.
[179] Ibid. Ibid. c. 5 n. 2, p. 445.

a semelhança divina, redimida com o sangue de Deus e capaz da bem-aventurança[180].

Mas quem é este Cristo, o Esposo a quem a alma deve amar e se conformar? É o rei dos reis, humilde, pobre e crucificado. É o rei dos anjos[181]. Cristo é o esposo, ou melhor, o conjuge amado[182]. O doutor franciscano declara: *"Amado esposo Jesus Cristo"* [183]. Com efeito, este esposo da alma é o Cristo crucificado[184]. Em outras palavras, não é o Ressuscitado triunfante ou abstrato, mas o Cristo glorificado que hoje se revela em sua humanidade.

A fim de chegar ao cume da perfeição, a alma, isto é, a virgem consagrada deve seguir a Cristo, exercitando-se no conhecimento de si mesma[185], examinando diligentemente e reconhecendo as suas faltas e defeitos, e, por conseguinte, purificando o seu olhar interior[186]; recordando e imitando a Cristo em sua humildade e pobreza, seguindo o exemplo de são Francisco e santa Clara[187], sendo imitadoras da pobreza evangélica[188]; exercitando-se no silêncio interior e na conversação com Cristo[189], igualmente na perfeita vida de oração[190]; contemplando e se conformando a

---

[180] Ibid. c. 4 n. 10, p. 451.
[181] Ibid. c. 3 n. 4, p. 429.
[182] Ibid. c. 4 n. 4, p. 441; c. 6 n. 9, p. 461; c. 6 n. 3, p. 455; c. 8 n. 2, p. 473.
[183] Ibid. c. 6 n. 6, p. 459.
[184] Ibid. c. 6 n. 3, p. 455.
[185] *"Oh, como é perigoso à alma religiosa querer averiguar muitas coisas e, no entanto, desconhece a si mesma"*. Perf. V. Sor. c. 1 n. 1. BUENAVENTURA, *Obras de são Boaventura*, p. 411; cf. n. 6, p. 415 *"Oh, quão próxima está da perdição e da ruína aquele religioso que é curioso em saber as coisas, desejoso em julgar as consciencias alheias e a si mesmo se desconhece e si ignora"*. Ibid. c. 1 n. 6, p. 415.
[186] Ibid. c. 1 n. 5, p. 513.
[187] Ibid. c. 2 n. 1, p. 417.
[188] Ibid. c. 3 n. 1, p. 427.
[189] Ibid. c. 4 n. 1, p. 437.
[190] Ibid. c. 5 n. 1, p. 443.

Paixão de Cristo[191]; exercitando-se no perfeito amor de Deus[192]; perseverando até o fim na relação amorosa com o seu Esposo, Cristo[193].

Em primeiro lugar, a alma para ser elevada e alcançar a meta da perfeição, alcançando a união plena de amor com os seu Esposo Jesus Cristo deve se exercitar no conhecimento de si mesma de modo a limpar o seu olhar interior[194]. Com este olhar a alma reconhece os seus próprios defeitos; percebe as suas negligências. Esse primeiro passo é fundamental. É a base sobre a qual ascendemos aos outros exercícios.

Em segundo, a alma exercita a humildade. Para se chegar à humildade perfeita, a esposa deve percorrer três caminhos: a consideração a Deus como autor de todos os bens[195]. Porque unicamente a Deus devemos atribuir todo bem e não a si mesma[196]. No segundo caminho a alma recorda a máxima humilhação de Cristo até a morte de cruz[197]. Ele se humilhou de tal modo que foi chamado de "leproso" seguno o profeta Isaías[198]. Com efeito, aprende com Cristo a viver em humildade porque a humildade é o fundamento de todas as virtudes. O terceiro é a consideração das circunstâncias fundamentais do ser da esposa[199]. A serva deve conhecer a sua origem e o seu destino. Reconhecer a sua própria miséria. A alma deve possuir espírito humilde, caminhar humilde, possuir sentidos e hábito humilde[200]. A humildade nos prepara para a caridade e para recebermos o dom do Espírito Santo[201]. Jesus Cristo é o mestre humilde ao lado de sua

---

[191] Ibid. c. 6 n. 1, p. 453.
[192] Ibid. c. 7 n. 1, p. 467.
[193] Ibid. c. 8 n. 1, p. 471.
[194] Ibid. c. n. 5, p. 413.
[195] Ibid. c. 2, n. 2, p. 417.
[196] Ibid. p. 419.
[197] Ibid. c. 2 n. 4, p. 419.
[198] Ibid. Fl 2, 8; Is 53, 4 e 8.
[199] Ibid. c. 2 n. 5, p. 421.
[200] Ibid. n. 6, p. 423.
[201] Ibid.

mãe a Virgem Maria, mestra da humildade, rainha de todos[202]. Além do mais, os santos fundadores, s. Francisco e s. Clara são exemplares de humildade[203].

Em terceiro, a alma, esposa de Cristo é chamada a viver em pobreza evangélica, imitando a Cristo[204]. Ela deve exercitar o amor à pobreza a exemplo de Nosso Senhor Jesus Cristo que foi pobre em seu nascimento, em sua vida e em sua morte[205]. Cristo, Senhor dos anjos, foi pobre ao nascer, não somente pobre nesta vida peregrina, mas também durante o morrer. Ele se fez pobre a fim de ascendermos ao amor da pobreza[206]. Cristo saiu de sua terra, ou seja, do céu e de sua família que são os anjos, e da casa do Pai, ou seja, o seio do Pai para se fazer pobre[207]. Foi por amor a nós que Cristo se fez pobre, vil e despresado[208]. Neste sentido, conhecendo a vida de pobreza de seu Esposo, Cristo, a alma deve segui-lo em sua nudez existencial[209]. A mesma deve imitar e seguir a sua vida de pobreza, assim como fez nosso pai seráfico são Francisco e a nossa mãe santa Clara[210].

Em quarto, o silêncio exercitado pela alma tem muito valor porque conserva a justiça de Deus e nutre a paz entre os próximos[211]. A alma deve guardar a disciplina do silêncio, cultivando a moderação na fala, isto é, falando pouco e com poucos, evitando as contendas e o mal-uso da língua. Aplicando na vida consagrada o exercício do silêncio, a alma é chamada a conversação com Cristo, não com o mundo.

---

202 Ibid. n. 7, p. 423.
203 Ibid.
204 Ibid. c. 3, n. 1, p. 427.
205 Ibid. n. 2, p. 427.
206 Ibid. c. 3 n. 5, p. 429.
207 Ibid. c. 3 n. 8, p. 433.
208 Ibid.
209 Ibid.
210 Ibid. c. 3 n. 9, p. 433.
211 Ibid. c. 4 n. 1, p. 437.

"Porque é grande desonra para uma esposa de Cristo que deseja ter conversação com outro que não seja o esposo Jesus Cristo[212]*"*.

Em quinto, a alma é chamada a exercitar a vida de oração[213]. A serva de Deus deve passar pelo exercício da oração devota a exemplo de Cristo orante e mestre da oração. Segundo são Boaventura, a oração é semelhante a um vaso com o qual se recebe a graça do Espírito Santo que constitui a mesma fonte de onde mana a docura da beatíssima Trindade[214]. Na oração se estabelece profunda relação mística da alma, esposa com o seu esposo Cristo.

"Quando estás em oração é preciso te recolher toda em ti mesma e entrar com o teu amado no aposento de teu coração e permanecer ali somente com Ele, se esquecendo de todas as coisas exteriores..."[215].

É por meio dela que a alma restaurada pela graça deve ascender a Deus, contemplando-o em seus mistérios.

"(a alma) deve subir sobre os Querubins e voar sobre as asas dos ventos, isto é, os coros dos anjos para contemplar a mesma Trindade e a humanidade de Cristo, e meditar a glória e a alegria dos cidadãos do céu..." [216].

No sexto exercício de seu amor esponsal, a alma deve exercitar em seu coração a constante recordação ou memória da Paixão de Cristo como resposta ao amor do amado crucificado, flagelado, espoliado e morto na cruz, expressão máxima do seu amor redentor. E nesta recordação deve contemplá-lo e imitá-lo. Contemplando a cruz e a Paixão de Cristo,

---

212 Ibid. c. 4 n. 4, p. 441.
213 Ibid. c. 5 n. 5, p. 449.
214 Ibid. c. 5 n. 5, p. 449.
215 Ibid.
216 Ibid. c. 5 n. 10, p. 451-453.

penetrando no mais profundo do seu coração, a mesma deve se deixar transformar pelo ardentissimo amor do crucificado[217].

A alma faz do seu coração um altar, cujo fogo da devoção fervorosa ao crucificado deve ser alimentado todos os dias com a lenha da cruz de Cristo e a memória de sua Paixão[218]. Logo, essa recordação deve arder ou se acender sempre no íntimo de si mesma. Trata-se da memória fundamental e vital de sua espiritualidade. É a alma de seu seguimento a Cristo.

"... põe a Jesus Cristo crucificado como selo sobre o teu coração para que assim como o selo se imprime na cera mole, assim poderás imprimir em teu coração ao teu esposo Jesus..."[219].

Em sétimo, a alma é chamada ao exercício da caridade porque é a única virtude que leva o homem a perfeição[220]. Ela então se exercita a amar a Deus sobre todas as coisas e ao próximo por meio do amor de Deus[221].

Sendo a alma a "amadíssima serva de Cristo", se exige na relação esponsal correspondência no amor ou caridade. Ao toque do amor do esposo, a esposa é chamada a responder com amor fiel a Deus e ao próximo. Fazendo isto, a alma ama ao seu esposo, Jesus Cristo de todo coração, com toda a alma e com todo entendimento[222].

Segundo o doutor franciscano a caridade não é simplesmente uma atitude, mas, sobretudo virtude ou dom de Deus, graça divina outorgada. Caso a alma a exercite em sua existência receberá o Espírito Santo. Com efeito, este amor é a base e a condição do perfeito amor ao próximo.

---

[217] Ibid. c. 6 n. 2, p. 455.
[218] Ibid. c. 6 n. 1, p. 453.
[219] Ibid. c. 6 n. 11, p. 465.
[220] Ibid. c. 7 n. 1, p. 467.
[221] Ibid. c. 7 n. 1, p. 469.
[222] Ibid. c. 7 n. 4, p. 471.

Este amor a Deus segundo a Escritura é exclusivo, primeiro, antecede ao amor a alguma coisa ou a alguém. Daí porque a alma ama de todo coração. Amar com toda a sua alma significa se conformar a vontade de Deus.

Em oitavo, a alma deve exercitar sua relação esponsal com o seu esposo perseverando até a morte corporal para poder receber a coroa da glória e da honra[223]. Tal coroa é o prêmio da vida eterna; são as bodas do Filho de Deus que já estão preparadas de modo que toda corte celestial está à espera[224].

Nesta espera, a alma anseia a Cristo como único bem desejado, cujo esforço e empenho a conduz ao consórcio e abraços do Rei eterno[225]. Portanto, Cristo, esposo da alma é o desejado, o amado, o buscado entre todas as coisas, porque somente Nele encontramos todos os bens. Deste modo, o esposo amado é o fim escatológico da esposa ou pessoa amada. A relação esponsal orienta a esposa ao seu fim último.

"... medite sobre isto tua alma, fale disto tua língua, ame-o de todo coração, converse sobre isto a tua boca; disto sinta o apetite tua alma; tenha sede disto a tua carne; deseje todo o teu ser até que possas entrar no gozo do teu Deus..." [226].

No sermão consagrado à vida da *"Virgem e Martir santa Inês",* o doutor seráfico a contempla como exemplo eclesial da relação esponsal e mística com Cristo.

---

[223] Ibid. c. 8 n. 1 e 2, p. 471.
[224] Ibid. c. 8 n. 2, p. 473.
[225] Ibid. c. 8 n. 6, p. 475.
[226] Ibid. c. 8 n. 8, p. 477.

"Com efeito, a virgem Inês foi encontrada na Igreja de Deus e posta como modelo..." [227].

Neste opúsculo o doutor franciscano aprofunda mais uma vez a relação esponsal do cristão com Cristo. Santa Inês é símbolo ou imagem de perfeição da alma em sua relação conjugal com o seu Esposo. O que acontece em santa Inês se realiza também em todas as almas fiéis a Cristo. Com efeito, as almas santas trilham um caminho de virtude, crescendo espiritualmente no encontro com Cristo com o fim de alcançar a meta da contemplação. Santa Inês, por exemplo, seguiu este caminho, porque foi imaculada e santa; prudente e sensata, amorosa e contemplativa; uma mulher de caridade ardente que soube comunicar seu calor ao rei, Jesus Cristo[228].

Segundo o exemplo da virgem santa Inês, a alma se conforma ou se assemelha e se configura a Cristo pela santidade e beleza; sinceridade de afeto; união espiritual com afeto sincero; serenidade da contemplação e, por último, pela simplicidade da intenção. Trata-se das quatro recomendações para a perfeita união com o esposo Cristo segundo o livro bíblico Cântico dos Cânticos[229].

Que relação amorosa se estabelece entre as almas santas com Cristo? Pelos títulos a elas outorgados se vislumbra profunda relação esponsal, familiar e semelhança com Cristo, seu Esposo. Neste sentido, são chamadas de irmã, filha, esposa e amiga[230].

Pela infusão da graça, cada título se refere à determinada virtude ou qualidade da alma. Ela é "irmã" porque se conforma e se assemelha a

---

[227] De s. Agn. Vir. et Mart. sermo 2, in, *BUENAVENTURA, Obras de san Buenaventura,* t. IV, p. 361.
[228] Ibid. s. 2 p. 361.
[229] Ibid. p. 363.
[230] Ibid. p. 363.

Cristo pela inocência que compreende a pureza do coração, a retitude de consciência e a firmeza da fé. Deste modo, a alma é irmã do Cordeiro sem mancha[231]; se chama também "filha" porque prontamente obediente a Deus. Ela se assemelha ao filho de Deus que em sua obediência ao Pai se fez pobre, humilde e paciente[232].

"Humilde em oposição às pompas; pobre porque contrário à cobiça; paciente em contradição ao afeto carnal" [233].

A alma santa é também chamada de "esposa" porque se une a Cristo com um vínculo indissolúvel. Neste sentido, o matrimônio é vinculo indissolúvel na relação entre esposo e esposa[234]. Este vínculo conjugal somente existe considerando três condições: integridade de vida, pureza de consciência e odor de boa fama. E, por fim, "amiga" pela beleza da benevolência[235]. Neste sentido, nosso coração se abre a Deus pela benevolência ou desejo ardente a Ele[236]. A benevolência abre o nosso coração para recebermos ao Espírito Santo[237]. Essa graça nos vem de Cristo, nossa Cabeça, plenitude de toda benevolência. São muitos os carismas, dons e virtudes do Espírito Santo, mas é somente a Cabeça que nos concede esta graça[238]. A alma é assim configurada a Cristo pela graça e pelos hábitos das virtudes e dons[239].

Por conseguinte, para alma alcançar essa plenitude da benevolência é necessário que haja mais três qualidades: benevolência conglutinante (unificante) pela devoção; corroborante pela emulação, purificante pela

---

[231] Ibid. p. 365.
[232] Ibid. sermo 2 n. 2 p. 367.
[233] Ibid. p. 367-369.
[234] Ibid. n. 3 p. 369.
[235] Ibid. n. 4 p. 373.
[236] Ibid. p. 373.
[237] Ibid.
[238] Ibid.
[239] Ibid.

limpesa e incorrupção, pulcrificante (ou embelezante) pela contemplação[240]. Nesta relação de amizade pela graça, se dá a união pautada na qualidade principal do amor que tem virtude unitiva. Por sua vez, a união é causa de corroboração; a união e a corroboração causam a purificação e as três juntas são causa de pulcrificação[241].

Em primeiro lugar, a alma santa, amiga de Cristo pela plenitude da benevolência está unida a Cristo pela devoção ao mistério de sua Paixão. A alma medita e se aproxima sempre mais do Cordeiro imolado. Em segundo, a alma é amiga de Cristo pela plenitude da benevolência que corrobora pela emulação (imitação)[242]. A alma destesta a maldade e se afasta do pecado, sendo fiel ao amor de seu Esposo, Cristo. Em terceiro, a alma purificada de todo pecado de corpo e alma a exemplo de santa Inês é parecida ao seu Esposo, o Cordeiro que foi puro e paciente[243]. A alma deve se assemelhar a Cristo não somente pela pureza do seu nascimento, na concepção no seio da Virgem Maria, mas também na paciência do sofrimento da cruz.

Por fim, pela contemplação, a alma alcança a beleza plena, a semelhança de Cristo. Nessa contemplação há quatro graus: serena, secreta, excelsa e jocunda[244]. Segundo o doutor franciscano a beleza da alma, esposa de Cristo, acontece quando é ilustrada pela iluminação e irradiação da sabedoria divina. A mesma se torna bela através da "cointuição" da contemplação serena quando considera as coisas exteriores com certa serenidade para que por meio delas se eleve a seu Criador.

Além do mais, considera as coisas exteriores segundo o estado da lei natural, da lei escrita e da lei da graça e segundo o estado final. Essa

---

240 Ibid. p. 375.
241 Ibid.
242 Ibid. p. 377.
243 Ibid. p. 379.
244 Ibid.

contemplação se dá passando por diversos graus, recebendo distintos nomes: conforme o estado da lei natural, a alma é chamada de "aurora nascente"; ao estado da lei escrita se diz que é bela como a "lua"; quanto ao estado da lei da graça, se diz que é brilhante como o "sol"; e em relação ao estado final, se diz que a mesma é como um "exército em ordem de batalha".

Na contemplação secreta, a alma se torna bela quando considera sua interioridade, se recolhendo em sua intimidade, exercitando pela graça do Espírito Santo os nove gêneros de hábitos ou disposições interiores da graça. Em terceiro, segundo a contemplação excelsa, a alma se torna bela quando é elevada a contemplação dos bens celestiais e eternos. Quanto mais elevada na contemplação mais virtuosa. E, por fim, na contemplação jocunda se encontra a consumação porque a alma está fora de todas as coisas e fora de si mesma. Neste sentido, é elevada a certa admiração e ao gozo jocundo. A alma através da contínua oração e mortificação é introduzida na fruição das divinas delícias.

Em sua obra clássica: *"Itinerário da mente para Deus"*, no capítulo quarto, quando no quarto grau da contemplação fala sobre a especulação de Deus em sua imagem reformada pelos dons gratuitos[245]. Por si mesma, a alma não pode se unir e a contemplar ao seu Esposo a não ser através de Cristo mesmo, cuja graça a restaura e a capacita para a experiência do encontro amoroso esponsal. É necessário então que alguém possa ajudá-la a levantar-se novamente para poder alcançar e fruir a Verdade eterna[246].

Por conseguinte, essa relação requer a infusão da caridade através de Cristo e da resposta da alma a essa influência; supõe segundo s. Boaventura o exercício de nossos sentidos espirituais que implica o movimento de todo

---

[245] Itin. c. 4, p. 603-611.
[246] Itin. c. 4 n. 2, p. 603.

nosso corpo, isto é, o ver, o ouvir, o cheirar, o sentir ou apalpar, pois alcançamos a perfeição do Cristo esposo quando esses nossos sentidos por meio da infusão das virtudes teologais são restaurados e se tornam mediante a graça, plenamente intactos, já que foram danificados pelo pecado de Adão[247].

Com efeito, essa união mística com o Esposo denota não somente unidade, mas também "relações", cuja figura se encontra no matrimônio humano. Não somente unidade e relações, mas conformação a Jerusalém celeste e, por conseguinte, semelhança com Cristo e a Trindade. A alma é chamada segundo a teologia mística de seu "Itinerário da mente para Deus" a alcançar o grau quarto da contemplação, entrando em si mesma como imagem de Deus em virtude da graça, não da razão natural ou conhecimento científico[248].

A imagem de nossa alma humana reformada pela graça e pelas virtudes teologais, especialmente a caridade, é chamada a experimentar através de seus sentidos espirituais essa relação amorosa com o seu Esposo, Cristo, Verbo incriado, encarnado e inspirado, segundo linguagem cristológica e mística de s. Boaventura. Nessa experiência de amor espiritual a alma é chamada a se purificar, se iluminar e se aperfeiçoar, conformando-se mais a Jerusalém de cima, ou seja, à Jerusalém celeste[249].

"A alma, pois, que crê, espera e ama a Jesus Cristo, que é o Verbo encarnado, incriado e inspirado, isto é, caminho, verdade e vida, ao crer pela fé em Cristo, enquanto é Verbo incriado, palavra e esplendor do Pai, recupera o ouvido e a vista espiritual; o ouvido para receber as palavras de Cristo; a vista para olhar com atenção os esplendores de sua luz. E ao suspirar pela esperança para receber o Verbo inspirado recupera,

---

247 Itin. c. 4 n. 2, in, BUENAVENTURA. *Obras de san Buenaventura,* t. 1, Madrid: BAC, 1945, p. 603.
248 Itin. c. 4 n. 1-2, Ibid.
249 Itin. c. 4 n. 3, in, BUENAVENTURA. *Obras de san Buenaventura,* p. 605.

mediante o desejo e o afeto, o olfato espiritual. Quando pela caridade abraça ao Verbo encarnado recebendo dele afeição e passando a ele pelo amor extático recupera o gosto e o tato. Recuperados os sentidos espirituais enquanto vê e ouve, sente o cheiro, saboreia e abraça o seu esposo, pode já cantar como a esposa no Cântico dos Cânticos... " [250].

Quem é esse esposo, Jesus Cristo?

Não é alguém distante, mas presente. Porém, essa presença pessoal é fundamental, vital, decisiva e central na vida da Igreja e de seus membros em particular. Ele é a "porta", pela qual podemos entrar novamente pela fé, caridade e esperança na fruição da Verdade, como que entrando em outro paraíso[251]. Já que o paraíso anterior foi perdido por causa do pecado original, na aproximação e união com Cristo encontramos este novo paraíso.

Com efeito, Cristo é o mediador entre Deus e os homens, a árvore da vida plantada no meio do paraíso[252]. Enquanto esposo da Igreja é, ao mesmo tempo, Deus e próximo, Senhor e irmão, rei e amigo. Verbo incriado e encarnado, nosso formador e reformador; o Alfa e o Omega; supremo hierarca que purifica, ilumina e aperfeiçoa a sua esposa, a Igreja e cada uma das almas santas[253].

Tal encontro amoroso com o esposo conduz a contemplação do Esposo, Cristo, dispondo a alma aos excessos mentais[254]. Nesta contemplação excessiva, superando as operações naturais ou intelectuais, a alma chega ao ápice da vontade ou do afeto, se transfere totalmente a Deus, tornando-se um só espírito com Ele. Nesse encontro amoroso, a alma alcança o descanso e a paz em Deus.

---

[250] Itin. c. 4, n. 3 e 4. Ibid.
[251] Ibid. c. 4 n. 2, p. 603.
[252] Ibid. p. 605.
[253] Cf. Itin. c. 4 n. 5, p. 607-608.
[254] Ibid. c. 4 n. 3, p. 605.

Por sua vez, a alma reformada pelos hábitos gratuitos, pelos sentidos espirituais e pelos excessos mentais ou pela graça do Espírito Santo que a inunda de luzes intelectuais faz do seu interior, morada da divina sabedoria, lhe constitui como filha, esposa e amiga de Deus. Igualmente, a mesma se torna membro, irmã e coerdeira de Cristo que é sua Cabeça e templo do Espírito Santo, a qual está fundada na fé, levantada na esperança e consagrada por Deus pela santidade da alma e do corpo. Além do mais, se realiza na alma a sincera caridade de Cristo pelo Espírito Santo derramado em nossos corações, segundo são Paulo, declara o doutor seráfico[255].

Em síntese, recapitulando o que expomos até agora, concluímos que essa alma é o ser humano chamado à relação amorosa e esponsal com Cristo. Pela graça do Espírito Santo, que é dom incriado, que nos é dado pelo Verbo encarnado somos purificados, iluminados e aperfeiçoados. Estes constituem os chamados "atos hierárquicos", constituindo um único processo de crescimento espiritual pela graça. Podemos dizer que se trata de verdadeira preparação espiritual do discípulo de Cristo para o exercicio do apostolado.

Essa relação esponsal e mística dos membros do corpo místico com Cristo denota segundo s. Boaventura em seguimento, ou seja, imitação e conformação com a vida e as atitudes de Cristo. E nessa imitação de Cristo crucificado, a alma justificada está em processo de "deiformização". Ela é chamada a assemelhar-se a Deus. Por conseguinte, essa conformação à vida divina não significa simplesmente participar da natureza divina, mas se configurar a Cristo em sua humanidade, assumindo as exigências evangélicas do discipulado.

Por sua vez, Cristo, o Esposo, segundo o doutor franciscano contemplado pela alma, sua esposa, é o Cristo "servo", "pobre" e "crucificado". A este Cristo deve a alma amá-lo e, por conseguinte, imitá-

255 Ibid. c. 4 n. 7, p. 609-611.

lo e segui-lo a semelhança de Maria, dos santos apóstolos, de santa Inês, são Francisco e santa Clara. Com efeito, Cristo é a porta e, ao mesmo tempo, a meta ou cume de todos os desejos da alma. Nele a alma encontra toda plenitude da bem-aventurança.

São Boaventura nos apresenta, pois, uma teologia mística do discipulado aos moldes da espiritualidade franciscana. Essa contemplação do crucificado nos leva ao seguimento e, em última análise, nos assemelha mais e mais a Cristo em sua Paixão. Em última análise, essa conformação à existência de Cristo e da Trindade configura a verdadeira beleza da alma. Quanto mais contemplativa pela graça mais bela será a alma, sendo preparada e adornada para a experiência conjugal com o seu Esposo.

4. Significado existencial e eclesial do simbolismo da união conjugal

São Boaventura aprofunda sua eclesiologia esponsal, articulando linguagem afetiva, simbólica e mística. Neste sentido, fala de afeto (affectus), amor (amare), abraço (amplexus), desejar (desiderare), núpcias (nuptiae), beijo (osculum), tálamo (thalamus), união (unio), unir (unire), etc[256]. Logo, a relação de Cristo, o Esposo com a Igreja e a alma santa ou fiel, sua esposa se apresenta como mística simbólica e nupcial. Essa linguagem teológica procede dos Padres da Igreja (Agostinho, Gregório Magno) e dos grandes doutores medievais (Anselmo, Bernardo e os Vitorinos)[257].

A linguagem mesma da encarnação se reveste de simbólica da união conjugal. O santo doutor usa a imagem "tálamo", isto é, leito conjugal para explicar o fundamento ou origem primordial dessa relação que já aconteceu no seio de Maria de modo corporal e espiritual pela ação do Espírito Santo

---

[256] CAROLI, Ernesto. *Sponso, Sponsa, Dizionario Bonaventuriano*. Padova: Ed. Francescane 2008, 773.
[257] CAROLI, Ernesto. Ibid.

e que deve continuar ao longo dos tempos na Igreja e na vida dos fiéis batizados.

Segundo o doutor franciscano, essa esposa faz parte do corpo místico, é membro da Igreja. Quanto maior o seu amor ao esposo mais ela está unida aos demais membros do corpo místico de Cristo, maior é o seu amor solidário para com o próximo. Ou ao contrário, quanto maior o amor pelo próximo maior o amor para com Deus.

Não se trata de uma relação desencarnada, mas existencial e pessoal. O Espírito que Cristo continuamente lhe concede, igualmente lhe renova, santifica, congrega e a vivifica. Essa presença do Esposo na vida da alma, pela fé e pela caridade, faz dela, pessoa contemplativa, fecunda e operante. É um contato que transforma a esposa mediante o amor pessoal do esposo.

A imagem de nossa alma ao ser reformada pelas virtudes teologais da fé, da esperança e especialmente da caridade recupera o vigor ou a potência de seus sentidos espirituais de modo a poder experimentar o Verbo, o seu esposo, numa relação dialogal e interpessoal. Ela vê e ouve, sente o odor e abraça o seu Esposo. Tal é a experiência afetiva da contemplação da esposa no encontro com o seu esposo mais do que consideração intelectiva.

Essa relação pessoal ou encontro conjugal se pauta na vida da alma pelo conhecimento adqurido pela contemplação. A alma contempla a Cristo olhando para si mesma, elevando-se e se conformando sempre mais a vida do Esposo. A alma se encontra em contínuo diálogo, conforme reflete em sua obra "Solilóquio". Neste diálogo existencial, enquanto a alma pergunta meditando, o homem interior responde falando mentalmente[258]. Este diálogo dividido em quatro capítulos é na verdade em seu conjunto quatro

[258] Cf. Introduccion, in, BUENAVENTURA, *Obras de san Buenaventura*. t. 4. Madrid: BAC, 1947, p. 167.

exercícios espirituais ou exercitação mental[259]. Por sua vez, este homem interior é a voz de Deus. Esta voz fala no coração do homem[260].

Estas meditações ou exercícios espirituais propõem exercitar a contemplação para que fiel cristão conheça e reconheça a grandeza e a dignidade de ser criado como imagem de Deus, reconheça a sua deformação por causa do pecado e se reabilite pela graça a fim de restabelcecer no cotidiano a união conjugal com Cristo.

A alma criada à imagem divina é capaz a união com Deus. Contudo, o pecado a impede de gozar o abraço do Esposo. A alma reconhece a beleza de sua criação, reconhece o seu pecado que a impede de amar ao Esposo. Percebe a sua vaidade em relação às criaturas deste mundo. Neste exercício de contemplação salutar, a alma devota sai para fora de si mesma, deixa as coisas exteriores para conhecer o quanto é instável a opulência mundana, quão mutável é a glória mundana e quão miserável é a mundana magnificência[261].

Por conseguinte, deve descer às considerações das coisas inferiores para entender a necesidade inevitável da morte, a formidável austeridade do último juízo, o intolerável sofrimento das penas do inferno. E, finalmente, sob o raio da contemplação se volta para as coisas de cima para conhecer e saborear os preciossimos gozos do céu, suas inefáveis delícias e sua interminável eternidade.

Nesta exercitação contemplativa e espiritual, e através da meditação interior, guiada pela graça, a alma devota, em seu dia a dia, busca se aproximar da cruz do seu amado, o dulcíssimo Esposo, Jesus Cristo. A semelhança da imagem bíblica do carro de fogo, com quatro rodas, ela

---

[259] Ibid.p. 168.
[260] Ibid. 168-169.
[261] Solil. prol. n. 2, p. 175.

tende a subir ao seu amigo fiel pela contínua contemplação ao palácio do céu[262].

Com efeito, o fruto produzido por esta contemplação segundo são Paulo é nos conduzir ao fim no qual estaremos cheios da plenitude de Deus[263]. Em outras palavras segundo são Bernardo, declara o doutor franciscano:

"a fim de que Deus seja para a vontade a abundância da paz, para a razão, a plenitude da luz e contínua eternidade para a memória"[264].

Igualmente, essa experiência do encontro amoroso do ser humano com Cristo, em mística relação esponsal, supõe aquisição de conhecimento pautado na caridade. Este conhecimento experiencial chega à sua última etapa no "excesso mental" ou "extase". Deste modo, a alma adquire sabedoria que lhe é dada pelo próprio Esposo em virtude de sua graça. Trata-se, pois, do cume ou ápice da união conjugal com Cristo, momento profundo e forte de descanso e de paz mística. É neste momento de profundo conhecimento e maturidade mística que a alma, esposa de Cristo, se deleita e saboreia a plenitude dos bens da bem-aventurança eterna.

Esse modo de pensar a relação esponsal não se confunde com mero misticismo ou espiritualismo desencarnado, mas é certamente uma resposta à formação dos cristãos de seu tempo, frades, religiosas, clérigos ou leigos. São Boaventura se preocupa com a formação do discípulo ou do seguidor de Cristo em sua paixão, pobre e crucificado. Cristo é realmente o modelo ou exemplar dessa imitação que nos leva ao Pai. Ele é o caminho e a verdade; a fonte da Vida. Com esse intuito formativo, propõe itinerário de crescimento místico e espiritual, sempre pautado na iniciativa da graça

---

[262] Solil. pro. n. 2, p. 175.
[263] 1 Cor. 15, 28.
[264] Ibid. n. 3, p. 177.

divina e que compreende ao diálogo interpessoal e afetivo entre Cristo, o Esposo e a alma, sua esposa[265].

Nessa eclesiologia da relação nupcial, a caridade tem um lugar fundamental. Ela é o vínculo de união da alma com Cristo[266]. A caridade é o ornamento precioso que embeleza a alma. *"Caritas pulchritudo est anima"*[267] (a caridade é a beleza da alma). Tornando-se bela a alma está pronta para unir-se ao seu Esposo. Quando ama Cristo fervorosamente, se torna a sua esposa. Sendo Cristo rei dos reis, lhe é concedida dignidade real porque reina para sempre com Ele[268]. Mas a experiência de união amorosa com o Senhor Jesus faz descobrir à pessoa amada sua dignidade e excelência que por Ele é revestida de beleza e santidade.

A alma desde a criação em Cristo, Verbo incriado foi selada com a imagem de Deus, e, por conseguinte, embelezada com a sua semelhança; e com Ele foi desposada pela fé; dotada com a esperança, eleita pela caridade, resgatada com o seu sangue. Deste modo, a alma é capacitada à bem-aventurança[269]. Este encontro místico e contínuo com Cristo, o Esposo revela a esposa a excelência de sua imagem criada, recorda a deformação por causa do pecado e manifesta a misericórdia divina que restaura a sua imagem conforme a sua semelhança. Essa restauração é fruto amoroso do contato místico com o Esposo. Por conseguinte, esse amor não é da esposa, mas do Esposo visto que a ela se dirige tornando-a casta e capaz de ser fiel. O contato com o Senhor é um abraço que purifica e santifica.

"Oh bom Jesus! Quão suaves são os teus abraços, quão sinceros os teus tatos (toques); quão deliciosa a tua companhia"[270]. *"Pois, amando-te,*

[265] Trip. Via 3, 1; Reg. Anim. n. 3; Lign. 44; Lign. vit. prol. 1, 207.
[266] De Sanct. Mar. Magd. Sermo 2. Ibid. t. IX, p. 558 b.
[267] Ibid. p. 558-559.
[268] Ibid. 558 b.
[269] Solil. c. 1 par. 3 n. 19. Ibid. t. IV, p. 201.
[270] Solil. c. 1 par. 3 n. 17. BONAVENTURA, *Obras de san Buenaventura,* t. IV, n. 17, p. 197.

sou limpa, tocando-me me torno casta, vivendo contigo, sou virgem", cita o doutor seráfico a sto. Agostinho[271].

Por sua vez, o beijo ou ósculo muitas vezes mencionado expressa relação amorosa nupcial e significa "devoção amorosa", que nos une com Deus. Segundo o Pseudo Dionísio, é próprio do amor seja divino, humano ou angélico ser virtude unitiva[272]. O amor é virtude unitiva que nos une sempre mais e progressivamente ao outro, ou seja, a Deus ou ao próximo.

Maria Madalena é o tipo ou símbolo da alma amorosa onde a virtude do amor opera de modo tríplice a união com o Esposo. O amor ou caridade do Esposo purificando e embelezando é virtude que une a esposa consigo. Tudo o que o Esposo deseja possuir é a esposa. Para isso, Cristo a purifica de toda mancha, a embeleza e, por fim, se une com ela[273]. Contudo, é a caridade ou o amor do Esposo que a purifica das manchas do pecado, assim como o fogo ardente ao purificar as manchas e a ferrugem do ferro[274]. Neste sentido, a alma se converte ou se tranforma conforme a Deus, porque espelha ou recebe a sua semelhança[275]. Deste modo, a alma se torna santa, casta e bela. Logo, neste encontro pessoal com a graça, a alma está preparada para as bodas com o seu Esposo, Cristo. Esse encontro com o Esposo morto e ressuscitado é contínuo de modo que a esposa em virtude da caridade do Espírito Santo está sempre se renovando, visto que este Esposo que a libertou do pecado original é o mesmo que a liberta do pecado atual, pensa são Boaventura[276].

Os sacramentos do Batismo e da Eucaristia mediante a fé e a caridade concedem nova existência e sustentam o vínculo amoroso

---

[271] Ibid.
[272] Ibid. t. IX, sermo 1, p. 558 a.
[273] Ibid.
[274] Ibid.
[275] Ibid. p. 559 a.
[276] Ibid. n. 37, p. 217.

esponsal entre a criatura humana e o Salvador Jesus Cristo[277]. A alma é desposada com a fé, dotada de esperança e eleita pela caridade. A alma vive uma nova condição na qual o Espírito Santo age para santificá-la e dotá-la de virtude, de dons, de graças a fim de torná-la digna de filha adotiva do Pai e esposa do Verbo encarnado e crucificado. Por sua vez, a celebração e a consumação das bodas se desenrrola ao longo da vida do cristão.

A criatura racional passando pela via "purgativa", se purifica do pecado, pela via "iluminativa" se dispõe a imitação de Cristo e por aquela "aperfeiçoativa" conduz a caridade perfeita, momento em que a alma experimenta ser acolhida pelo esposo e de querer acolhê-lo com um amor pleno de desejo. Essa relação por sua vez requer um coração puro, devoto e humilde[278]. Uma vez purificada do pecado, orientando a sua vontade à prática dos dez mandamentos e desejosa em aderir amorosamente ao Esposo, a alma se torna bela e ornada de jóias que a faz amável ao olhar do Esposo.

A doutrina dos sentidos espirituais tem um lugar relevante nessa experiência esponsal, segundo o doutor franciscano. Esta é feita pelo contato direto, imediato, contemplativo, feito de beijos e abraços. Esses sentidos espirituais se concentram de modo especial em Jesus Cristo, amado e desejado como Esposo crucificado. Esse contado espiritual através da vista, do ouvido e do sabor faz a alma receptiva da beleza, da harmonia e da doçura do Verbo enquanto Incriado; o odor, por sua vez, faz aspirar à suma fragrância efusa pelo Verbo inspirado que habita no coração; o tato,

[277] BATAGLIA, Vicenzo. Sponso, Sponsa, in, *Dizionario Bonaventuriano*, p. 778.
[278] Reg. Anim. n. 3 e 7. Ibid. t. IV, p. 319 e 321.

por fim, pertence ao abraço amoroso com o qual saboreia a suavidade emanada do Verbo encarnado[279].

Tal relação não é meramente intelectual, como enfatiza o doutor seráfico, mas afetiva, experiencial, porém real e concreta, que conduz a alma a exercícios ou atitudes mediante a graça à perfeição no seguimento a Jesus. Esta união esponsal com Cristo não é somente acontecimento após a morte, mas já no presente, em estado peregrino, já se realiza de modo místico, afetivo e efetivo.

Esse contato profundo e espiritual na relação esponsal, essa participação no mistério da cruz, unindo para sempre a pessoa amada ao Esposo divino, pautada na caridade, transforma a alma tornando-a semelhante ao próprio Amado. A conformidade ao Esposo divino é efeito da graça mais abundante, fruto da união amorosa esponsal. Entre todas as virtudes, a caridade é a mais unitiva que nos faz deiformes mediante os sentidos espirituais.

Em sua obra "Legenda Maior", o doutor franciscano apresenta Francisco de Assis como ícone ou modelo dessa relação esponsal. Francisco é o amigo do esposo, declara são Boaventura, de modo que

"Jesus Cristo crucificado, em quem desejava transformar-se totalmente, pelo incendio de um amor extático, morava constantemente, como um feixe de mirra entre os seios de sua mente..."[280].

O cume dessa relação se dá no acontecimento espiritual no recebimento do dom dos estigmas. Aí demonstra essa união amorosa com o Cristo crucificicado. Encontro que envolve a totalidade da pessoa, considerando também a sua corporeidade. Ou seja, não somente a "mens",

---

[279] BATAGLIA, Vicenzo. p. 779.

[280] LM 9, 2, in: *Fontes Franciscanas*, trad. Bras. Santo André: Mensageiro de Santo Antônio, 2005, p. 497; Ibid., p. 780.

mas também a "caro". A pessoa toda é compenetrada e absorvida pelo amor de compaixão do Cristo crucificado. E porque a alma esposa quer pertencer totalmente ao Esposo, o amado, se despoja de si, ao escolher sua mãe, senhora e esposa, ou seja, a pobreza evangélica. Trata-se de uma condição essencial para realizar de forma perfeita essa experiência com o amado, doando-se somente a Ele. Além disso, a esposa busca unir-se ao seu Esposo quando se resguarda pelo excercício da castidade do coração e do corpo. Francisco deseja se conformar a Cristo crucificado pobre, sofredor e nu, respondendo a sua voz, a iniciativa e ao amor do Senhor. A vida de são Francisco, segundo B., se insere no âmbito dessa relação esponsal.

Conclusão

Estee conceito de esponsalidade em são Boaventura nos ajuda-nos a pensar a Igreja de modo mais pessoal em sua relação com Cristo. Ser Igreja é viver essa relação vital e pessoal com Cristo, jamais é algo distante e abstrato. Essa pessoa que se revela e que convida a Igreja à relação íntima e esponsal não é somente a cabeça doadora da graça, mas alguém que está em continua relação conosco. Ele é o "Esposo", Cristo em sua natureza humana e divina, no mistério de sua encarnação, que pessoalmente se aproxima de nós e está sempre presente em diálogo de amor com a sua esposa, a Igreja ou a alma fiel.

Essa relação esponsal não se propõe simplesmente ser "racional", mas afetiva, vivida e experiencial. Trata-se do encontro salvífico com a Pessoa do Verbo crucificado, o Esposo divino. Supõe toda pessoa em sua corporeidade e espiritualidade. São Boaventura não admite dualismos nem maniqueísmos. Essa experiência de amor esponsal mediante a graça supõe o uso dos sentidos espirituais.

Essa comunhão esponsal estabelece profunda relação afetiva e familiar de Cristo com a sua Igreja. Nesta relação, o Esposo gratuitamente doa tudo de si à esposa e, por conseguinte, deseja ser correspondido em seu amor. Nesta relação, a Igreja é continuamente purificada de modo a produzir os seus frutos de amor e comunhão. Essa relação esponsal tem dimensão sacramental visto que se prolonga na história através dos ministros de Cristo de modo afetivo e familiar com a Igreja. O papa é o esposo e exerce a autoridade de pai sobre toda Igreja militante. Por sua vez, os bispos são esposos e pais de suas Igrejas particulares. Deste modo através deles Cristo e do seu Espírito continua relação esponsal, maternal e familiar na Igreja e na relação pessoal com cada fiel batizado. Essa imagem "esposa" aplicada a Igreja acentua mais ainda o mistério de comunhão na Igreja. Isto porque a Igreja é corpo místico de Cristo. Com efeito, a simbólica teológica esponsal significa "relação amorosa comunitária e pessoal", "unidade" e "integração" na diversidade.

O Espírito Santo tem um papel fundamental e relevante. Ele está sempre presente nessa relação esponsal. Assim como no início, no mistério da encarnação do Verbo, Ele preparou a Virgem Maria, para ser mãe, esposa e discípula do Filho de Deus, essa sua missão no tempo ou ad extra continua na vida da Igreja e em cada alma fiel. O Espírito Santo que santificou e adornou de graças e virtudes a alma de Maria, do mesmo modo age na Igreja, continuamente purificada-a e adornada-a de graça e virtude em vista das bodas definitiva na glória do céu com o seu esposo Cristo. Com efeito, Cristo segundo B. age com o Espírito Santo na obra da mística relação esponsal, gerando comunhão com Deus e com os irmãos e irmãs entre si.

Essa relação esponsal ao se desenrolar no tempo como obra do Espírito Santo significa no fundo segundo a mente do doutor seráfico preparação do discípulo de Cristo. Cada membro pela fé e pela graça é chamado a seguir a Cristo pobre e crucificado. A alma, esposa de Cristo é a alma fiel chamada a conhecer e a viver o santo evangelho. Com efeito, neste processo de amor e conhecimento de Cristo a alma se assemelhando a Deus alcança o grau sumo da contemplação, da sabedoria ou de êxtase. É neste momento que a alma ou discípulo de Cristo experimenta abundância de paz, segurança, tranquilidade e repouso. A alma se encontra totalmente voltada para o amor de Deus.

Cristo, Verbo encarnado e crucificado, funda relação íntima e pessoal com a pessoa dos fiéis em virtude da fé e da caridade e, por conseguinte, através da recepção dos sacramentos. Trata-se de relação pessoal e personalizada já que Cristo conhece e se dirige a cada membro em particular. Desta relação interpessoal no exercício da contemplação, da oração e na devota participação da Eucaristia nos tornamos não somente esposas, mães, mas também verdadeiros discípulos de Cristo. Essa relação mística e esponsal com Cristo fundamenta e aprofunda progressivamente em virtude da caridade nosso discipulado.

Portanto, nossa identidade de discípulos só tem sentido se fundada nessa mística esponsal. Somente produziremos frutos em nosso apostolado se estivermos em continua relação com Cristo na oração e na contemplação. Essa relação esponsal funda e dá firmeza a nossa missão de discípulos. Este encontro esponsal ao longo do tempo transforma a Igreja e a pessoa do fiel, lhe configurando pela graça e caridade à beleza do Esposo, Cristo pobre e crucificado. Não nos transforma em um Cristo abstrato, mas no Cristo em sua humanidade, em sua missão junto ao ser humano pobre e sofredor. Trata-se do Ressuscitado que continua agindo no tempo através da Igreja e de seus discípulos.

E, finalmente, segundo o seráfico doutor a participção ativa nos sacramentos, especilmente, na Eucaristia, trabalha e fortalece em nós essa caridade, dom do Espírito Santo, que nos une mais e mais a Cristo, em íntima relação esponsal, e nos faz crescer na unidade do corpo místico, dilatando nosso coração à prática do amor ao próximo. A digna e devota participação nos sacrametos fortalece e conserva nossa relação esponsal com Cristo. A Eucaristia, por exemplo, é chamada pelo doutor seráfico de "novo banquete das núpcias"[281].

Abreviações de algumas obras

Brev.: Brevilóquio;
De Ann. B. Virg. M.: Sermão sobre a Anunciação da Bem-Aventurada Virgem Maria.
De Sanct. Mar. Magd. Sermão sobre Santa Maria Madalena.
DSSt: Conferências sobre os Sete Dons do Espírito Santo.
Hex.: Conferências sobre o Hexäemeron (os seis dias da criação).
In I, II, III, IV Sent. Comentário às Sentenças do Mestre Pedro Lombardo.
In Circum. Dom.: Sobre a Circuncisão do Senhor.
In Luc: Comentários ao Evangelho de Lucas.
Itin.: Itinerário da Mente para Deus.
Mist. Trin.: Questões Disputadas sobre o Mistério da Trindade.
Lig. Vit.: A Árvore da Vida.
LM: Legenda Maior da vida de são Francisco.
Perf. ev.: Questões de Perfeição Evangélica.
Praep. miss.: Sobre a Preparação para a Missa.
Reg. Anim. Governo da Alma.
Red. Art.: Sobre a Redução das Artes à Teologia.
Regn. Dei: Sermão sobre o Reino de Deus.
Sc. Chr.: Conferências sobre a Ciência de Cristo.
Serm. CorChr: Sermão sobre o Corpo de Cristo.
Serm. Chris. Magis.: Sermão sobre Cristo, Mestre de todos.
Solil.: Solilóquio.

[281] In Circum. Dom. BUENAVENTURA, *Obras de San Buenaventura,* t. II, p. 363.

Tripl. Via: As Três Vias.

Bibliografia:

I. Fontes:

1. **BONAVENTURA.** *Opera Omnia,* 10 vol. Quaracchi, 1882-1902. Ad Claras Aquas (Quaracchi).

1.1. *Commentaria in Quatuor Libros Sententiarium magistri Petri Lombardi,* t. I, II, III e IV;

1.2. t. *VII: Comm. In Evangelium S. Lucae* (1895);

1.3. t. *IX: Sermones de tempore, de sanctis, de B. Virgine Maria et de diversis (*1901).

1.4. **BONAVENTURAE.** *Opera Theologica Selecta*, t. III e IV, ed. Minor, Firenze: Ad Claras Aquas, 1949.

1.5. **BONAVENTURAE**. *Opera Theologica Selecta*. t. III, Ed. Minor, Firenze: Ad Claras Aquas, 1949.

2. **Opere de San Boanventura**

2.1. **BONAVENTURA.** *Commento al Vangelo di San Giovanni,* I, ed. latino-italiana. Roma: Città Nuova, 1990.

3. **BAC (Biblioteca de Autores Cristianos)**

3.1. **BUENAVENTURA.** *Obras de San Beunaventura,* t. I, 1ª. ed., Madrid: BAC, 1945;

3.2. **____________.** *Obras de San Buenaventura***,** t. II, 3ª. ed., Madrid: BAC, 1967.

3.3. ____________. *Obras de San Buenaventura*, t. III, 1ª. ed. Madrid: BAC, 1945;

3.4. ____________. *Obras de San Buenaventura*, t. IV, 1ª. ed. Madrid|: BAC, 1945;

3.5. ____________. *Obras de San Buenaventura*, t. V, 1ª. ed. Madrid: BAC, 1948.

3.6. ____________. *Obras de San Buenaventura*, t. VI, 1ª. ed. Madrid: BAC, 1947;

II. Comentários:

4.1. BERRESHEIM, Heinrich. *Christus als Haupt der Kirche nach dem heiligen Bonaventura.* Münster: Antiquariat Th. Stenderhoff, 1983.

4.2. BOUGEROL, Jacques Guy. *Introduction a saint Bonaventure.* Paris: Librarie Philosophique J. Vrin, 1988.

4.3. ____________________. *Lexique Saint Bonaventure.* Paris: éditions franciscaines, 1969.

4.4. CAROLI, Ernesto. *Dizionario Bonaventuriano.* Padova: Ed. Francescane 2008.

4.5. *FONTES FRANCISCANAS.* Trad. bras. Santo André: Mensageiro de Santo Antônio, 2005.

4.6. MERINO, José Antonio e FRENESDA, Francisco Martinez (coords.). *Manual de Teologia Franciscana*, trad. bras. Petrópolis: Vozes, 2005.

4.7. NGUYEN VAN SI, Ambrogio. *Seguire e Imitare Cristo secondo san Bonaventura.* Trad. Ital. Milão: Edizioni Biblioteca Francescana, 1995.

Printed by Books on Demand GmbH, Norderstedt / Germany